CHENGSHI JIAOTONG KEKAOXING
LILUN YU FANGFA

朱吉双 张 宁 ◎著

城市交通可靠性理论与方法

东北林業大学出版社
Northeast Forestry University Press

·哈尔滨·

图书在版编目（CIP）数据

城市交通可靠性理论与方法／朱吉双，张宁著．—哈尔滨：
东北林业大学出版社，2016.12（2025.4重印）

　ISBN 978－7－5674－0977－4

　Ⅰ．①城… Ⅱ．①朱… ②张… Ⅲ．①城市交通系统—系统
可靠性—可靠性理论 Ⅳ．①U491.2

　中国版本图书馆 CIP 数据核字（2017）第 015622 号

责任编辑：赵　侠　刘天杰
封面设计：宗彦辉
出版发行：东北林业大学出版社
　　　　　　（哈尔滨市香坊区哈平六道街 6 号　邮编：150040）
印　　装：三河市天润建兴印务有限公司
开　　本：710 mm×1 000 mm　1/16
印　　张：11.75
字　　数：150 千字
版　　次：2017 年 9 月第 1 版
印　　次：2025 年 4 月第 3 次印刷
定　　价：49.90 元

如发现印装质量问题，请与出版社联系调换。（电话：0451－82113296　82191620）

前　言

随着我国经济快速发展与城市化进程加快，大城市机动车保有量呈现迅猛增长态势，但其中私家车拥有量提升并未能给交通用户带来更加便捷、舒适、可靠的出行体验，反而引发了更为严重的交通拥堵、交通污染和交通事故等社会问题，特别是交通拥堵问题已成为制约大城市经济可持续发展的主要瓶颈之一。

大城市的拥堵交通使得交通用户对出行时间可靠性要求日益提升，特别是对于一些有严格时间要求的特定目的出行，能否准时到达已成为首要考虑的因素，因此现代化城市交通网络必须满足交通用户的"准时性"要求。交通出行准时性涉及到时间资源的有效配置问题。拥堵状态下交通网络的不确定性变大，交通用户被迫牺牲更多的个人时间提前出发，以应对出行时间的不确定性，从而导致整个交通运输系统的时间配置效率降低。因此，加强交通网络可靠性研究对于提升城市路网运行效率具有非常重要的现实指导意义。

本书主要研究城市交通网络中交通用户行为可靠性与交通承载能力可靠性两方面的理论问题。全书共分为 8 章：第 1 章论述了开展大城市交通网络可靠性研究意义和理论研究现状。第 2 章根据交通用户的不同风险偏好提出了 α-可靠性最短路问题，构造了基于路段的高效搜索算法。第 3 章在考虑交通网络拥挤反馈效应基础上，构建了 α-可靠性用户均衡配流问题的变分不等式模型，提出了基于路段的相继平均算法。第 4 章针对对交叉口随机延误、路段时间相关性等问题进行建模分析，论述了交叉口延误对交通用户路径选择和路网可靠性配流结果的重要影响。第 5 章介绍了交通网络承载能力的概念，重点分析影响路网承载能力的四个主要因素：道路通行能力、系统服务水平、交通用户行为以及交通出行需求结构。第 6 章提出区域备用能力概念，并将其作为交通网络承载能力度量指标，分别为单一区域和整个网络构建了区域备用能力双层模型，借助变分不等式灵敏度分析方法，提出了基于灵敏度分析的启发式求解算法。第 7 章将区域备用能力指标应用于交通网络能力可靠性研究，提出了承载能力可靠度的概念，并对出行需求随机波动下的承载能力可靠度进行模拟计算。第 8 章对全书内容进行归纳总结，提出交通网络可靠性理论研究方向。

在此衷心地感谢香港理工大学 William H. K. Lam 教授，悉心指导作者开展交通网络可靠性的理论前沿研究工作，为本书写作奠定了重要基础。同时感谢香港科技大学 Hong K. Lo 教授、美国犹他州立大学 Anthony Chen 教授、北京航空航天大学黄海军教授多次对作者的研究工作提出宝贵意见。全书还引用了许多国内外交通领域著名专家学者的成果，这些研究成果构成本书的重要理论基础，对此谨表由衷的感谢和敬意。

目　　录

1 绪 论

1.1 我国大城市交通路网运行现状

随着我国经济快速发展与城市化进程加快，大城市机动车保有量呈现迅猛增长态势。以北京为例，机动车保有量从 2000 年的 158 万辆激增至 2010 年的 480 余万辆，年均增速高达 11.8%，直到 2011 年开始实行小汽车摇号政策，北京的机动车保有量增速才得到有效控制。截至 2015 年年底，全国机动车保有量已高达 2.79 亿辆，其中汽车 1.72 亿辆，成为世界第二大汽车拥有国。全国已有 40 个大中城市的汽车保有量超过百万辆，北京、成都、深圳、上海、重庆、天津等 11 个城市的汽车保有量都超过 200 万辆[①]，北京和上海更是分别高达 561 万辆和 430 万辆。随着城市规模的日益扩张，居民交通出行活动的频率与强度都在显著增加。例如 1986 年北京人均日出行次数为 1.61 次，到 2014 年已增加至 2.75 次/天[②]。传统的以上、下班为主要目的的交通出行结构悄然发生变化，以休闲、娱乐为目的的出行比重

---

① 于士航. 我国机动车保有量达 2.79 亿辆[EB/OL]. 中国政府网.（2016-01-25）[2016-02-18]. http：//www.gov.cn/xinwen/2016-01/25/content_5036081.htm.

② 刘冕. 本市第五次综合交通调查结果出炉，小汽车出行比例首次下降 [N]. 北京日报，2016-07-07（5）.

正在逐步增大，居民出行目的趋于多元化。城市规模的扩张和出行需求的增加还导致居民日平均出行距离逐渐增加。据《2006 年北京交通发展年报》统计数据，2000～2005 年北京市居民的每日平均行程从 8km 增长到了 9.3km，日平均出行距离增长了 16.25%。《北京居民出行大数据报告》显示，2016 年北京市居民工作日单次出行距离为 12.2km，时间长达 54min，相较于 2005 年又增长 31%。

伴随着机动车数量和出行需求的不断增长，交通拥堵、交通事故和交通污染等社会问题日益加剧。特别是交通拥堵问题已经成为制约我国大城市经济可持续发展的主要瓶颈之一。根据北京交通发展研究中心的观测数据，1994 年北京二、三环内路段的汽车平均时速为 45km/h，1995 年降至 33km/h，1996 年再降至 20km/h，到 2015 年，北京市区部分主干道高峰期的车速普遍不足 10km/h，有的道路机动车时速还不到 7km。严重的交通拥堵问题给居民的出行带来极大的不便，超过 40% 的北京市民上班需花费 1 小时以上的时间，其中上班花费时间在 60～80min 的占 34.3%，超过 100min 的占 6.5%，而在 20 分钟以内可到达工作地的仅占 5.5%。与此同时，北京市区交通可靠性正在逐年降低，居民的上班出发时间大幅度提前，特别是住在北京五环以外（如通州区、天通苑等）的居民，在上班早高峰时一般都需要比正常出发时间提前约半小时出行[①]。据《中国智能出行 2015 大数据报告》显示，北京每年人均交通拥堵成本高达 7 972 元。据测算，我国交通拥堵导致的直接经济损失约占国民生产总值的 1%，有的大城市甚至达到所在城市国民生产总值的 10% 左右。另外，严重的交通拥堵也给环境保护带来巨大压力，成为北方雾霾天气频发的重要诱因。国家环境保护总局机动车排污监控中心经过测算得出结论：在堵

① 李强，李晓林. 北京市近郊大型居住区居民上班出行特征分析 [J]. 城市问题，2007 (7)：55-59.

车状态下，汽车排出有害物质的浓度比在正常行驶时高出 5～6 倍。这些交通问题已经严重影响了城市居民的正常工作、休息和健康。

与出行需求急速增长形成鲜明对比的是，我国大城市交通基础设施建设相对落后、城市交通规划不尽合理。在发达国家，城市交通用地约占总建设用地的 20％以上，有的甚至达到 40％。而我国城市交通用地却远远低于这个水平[①]，人均道路面积不及发达国家的三分之一。随着我国城市化进程的加快，大城市正处于从市区向城郊扩展的过程中，许多大型商业中心和住宅区都建在城市近郊，形成许多"卫星城市"。但这些区域的交通设施建设相对滞后，交通非常不便，最终造成"交通死城"现象。我国城市交通资源配置也不尽合理。为适应快速增长的私家车出行的需要，许多大城市都将有限的交通资金投入到城市快速路、高速路建设中，却忽视了公共交通在城市交通中无可替代的作用。近年来，交通规划部门已经充分意识到公共交通的重要性。以北京为例，现已建成了地铁 19 条轨道交通线路，开通了 7 条快速公交（BRT）线路，轨道交通运营里程超过 550km，初步形成了大规模城市轨道交通网络系统，这些公共交通设施极大地提高了居民出行的舒适性、安全性和可靠性。

受历史因素的影响，我国综合交通运输尚停留在理论研究阶段，其规划建设存在诸多难题。长期以来，公路、铁路、航空、水运等运输部门各自为战，各种交通方式的衔接缺乏统筹规划。在大城市，火车、飞机、公共汽车和地铁的站点布局不是非常合理，给客运的换乘和货运的中转带来诸多不便。在港口和码头，各种交通运输方式缺乏有效的衔接，水运与公路、铁路的多级联运机制尚未成熟。因此，要实现综合交通运输中"无缝衔接"与"零换乘"的理想目标尚需时

[①] 李晓林，李强，任仕伟. 交通用地的高效利用与城市可持续发展 [J]. 北京师范大学学报（社会科学版），2007（2）：127-133.

日。2006 年，中国工程院主持召开了大型交通科研项目《交通运输网络理论工程前沿研究》，从理论上探讨了综合交通运输的可行性和技术难题，提出扩大交通承载能力、提高交通服务水平和增强交通网络可靠性将是我国城市现代化交通建设的核心任务，这是我国综合交通运输发展史上一次重大理论尝试。

城市交通问题是关系到城市长远发展的战略性问题，良好有序的城市交通环境需要全社会长期不懈的努力。对于城市交通规划部门，应该避免交通规划过程经验化、人为因素过强等问题，大力加强交通科学的基础理论和应用研究，重视交通高新技术的开发与应用，提高城市交通规划、设计、建设和管理的水平。对于交通科研工作者，应深入研究城市交通拥堵瓶颈问题的形成机理，努力探寻减少城市交通污染和交通事故的有效途径，为政府部门的交通规划管理决策提供可靠的理论依据和学术支撑。对于城市普通居民，既是城市交通拥堵问题的受害者，又是交通拥堵问题的"始作俑"者，更应该严格遵守交通法规、提倡公交出行、爱护城市交通设施，努力营造一个文明、有序、安全和环保的城市交通环境。

1.2 交通网络可靠性问题

城市交通网络是由交通设施、交通用户和交通规则构成的复杂网络系统。其中交通设施和交通规则决定交通网络供给能力，而交通用户的日常出行行为决定交通需求，它们之间的交互作用共同决定城市交通网络系统的运行状态。从规划与管理的角度看，城市交通规划目标主要包括三个层面：扩大交通网络承载能力满足基本出行需求；提高交通网络服务水平；增加交通网络可靠性。这是一个渐进式的发展过程。首先，必须增加交通基础设施建设来扩大承载能力，以满足城市居民的基本出行需求，例如上下班、上下学、购物、娱乐等。在完成此目标的基础上，开始考虑交通服务水平问题，即不但要保证交通用户能够到达目的地，而且还要能方便、快捷、安全地到达，并且控制在合理的出行费用范围内。最后，当网络能够在较高的服务水平上运行时，还要进一步考虑交通可靠性问题，这就要求交通网络不但有良好的硬件设施，而且还要有非常完善的交通管理系统及应对突发性事故的应急预案，从而保证交通网络具有较高的可靠性。在此方面，智能交通系统（Intelligent Transportation System，ITS）和先进的交通出行信息系统（Advanced Traveler Information Systems，ATIS）的成功应用为交通网络可靠性提供了有力的技术保障。

　　城市交通设施是各种交通工具运行的载体，是城市交通赖以正常运行的物质基础。近年来，机动车数量和出行需求的剧增使得大城市交通网络不堪重负。这就为交通规划部门和交通科研工作者提出了一个严峻的研究课题：在一个土地资源有限且交通设施资源既定的城市，理想状况下可容纳的车辆数是多少？其上限又是多少？显然，过多的机动车辆会导致交通拥堵、交通事故和交通污染等一系列社会问题。而过低的机动车保有量又会抑制城市经济的快速发展，成为制约城市发展的瓶颈。此外，当城市交通网络频繁拥堵时，应采取何种交通规划管理措施？是新建道路还是扩建已有道路？抑或是采取一定的交通管制措施？当在市区建立大型商业中心和住宅区时，应修建何种规模的交通网络与之匹配？这些问题都涉及城市交通网络承载能力的估算问题。承载能力是城市交通网络供给能力的重要宏观指标，是进行科学合理的交通规划与管理的基本依据。交通经济学里有一条非常著名的当斯定律（Downs Law）："在政府对城市交通不进行有效管制和控制的情况下，新建道路设施会诱发新的交通需求，而交通需求总是倾向于超过交通供给。"因此,对城市交通网络承载能力进行合理估算,从而制定相应的交通规划与管理措施,对于我国城市可持续发展具有非常重要的意义。

随着人们物质生活水平的提高,交通用户对城市交通的服务水平提出了更高要求。他们不仅希望交通网络能够满足基本的出行需求,而且更加关注出行的便捷性、舒适度、安全性和可靠性。尤其是出行时间可靠性问题已成为现代化交通网络的重要标志之一。城市生活的快节奏与高效率使得居民对出行可靠性要求日益提高,特别是对于一些特定目的的出行(如参加会议、赶飞机等),时间可靠性已成为交通用户首要考虑的因素。因此,现代化城市交通网络必须能够满足交通用户"出行准时性"的要求。交通网络提供的出行时间越准确,交通用户越是便于制定出行计划、合理安排出行时间。准时性涉及时间资源的有效配置问题,交通运输网络的不确定性越高,人们出行的时间就越是提前,交通运输系统产生的时间配置效率就越低,人们将牺牲更多的休闲和工作时间来应付出行时间波动问题,以致减损了城市居民的时间效用。因此,出行时间可靠性研究具有非常重要的现实意义。

在交通科学领域,交通用户行为问题具有极其重要的理论研究价值。出行需求的日常波动、道路通行能力的随机退化、频发的交通事故以及反常天气的影响,使得城市交通网络变得非常脆弱,交通用户的出行时间不确定性日益增大。因此,只有深入研究不确定性条件下交通用户出行行为以及网络均衡状态,才能准确地分析和预测交通网络中实际出行需求和交通流量分布模式,以便为实时交通控制系统(车辆导驶系统、智能交通系统等)和交通控制措施(车辆限行、交通管制、拥堵收费等)提供坚实的理论基础。

在交通网络供给方面,交通网络承载能力是指在城市空间范围内，在给定交通设施资源和环境容量约束下，整个交通网络所能提供的旅客和货物的最大空间转移能力。它是衡量城市交通网络系统供给能力的一个重要宏观指标，对其进行准确的估算和预测能够为交通规划人员的现实决策提供科学的依据，能够为制定交通规划管理措施提供重要的理论支撑。迄今为止，许多学者都对交通网络承载能力问题进行了深入的理论研究，并且提出了各种各样的研究方法和度量指标。但是，这些模型方法对影响交通网络承载能力的因素考虑仍显不足，其理论结果和现实情况相去甚远，难以有效指导现实的交通规划问题。因此，构建更为实用的交通网络承载能力度量指标和模型具有极其重要的理论研究意义。

1.3 理论研究现状

受反常天气、交通出行需求波动和交通事故等因素的影响，城市交通网络系统变得非常脆弱，可靠性已被视为现代化城市交通网络的重要性能指标。20 世纪 90 年代，美国、日本、土耳其、墨西哥等地发生了一系列严重的地震灾害，严重摧毁了道路桥梁、阻断了交通网络系统，导致救援人员和物资不能及时到达灾区，无法及时开展电力、水力、通信等系统恢复工作，使得人们充分意识到交通网络系统在整个城市系统的"生命线"作用①。因此，增强交通网络可靠性对于整个城市功能的正常运行具有至关重要的意义。在我国，虽然交通基础建设已经非常完善，但发展重点仍是如何满足基本的交通出行需求。近年来，随着我国城市化进程的加快，城市交通可靠性问题也逐

---

① NICHOLSON A, DU Z. P. Degradable transportation system: an integrated equilibrium model [J]. Transportation Research Part B, NICHOL>ON A, DUZP.

渐被政府部门、专家学者所重视。例如 2008 年奥运会上，北京奥组委郑重承诺从奥运村到各个奥运场馆的最长出行时间不超过 30min。这不但要估算场馆区域的最大通行能力，还要考虑出行时间可靠性问题。恶劣天气、交通事故等会使道路通行能力下降，比赛项目的频繁更替会使奥运场馆区域交通需求结构随机波动，这都属于交通可靠性研究范畴。因此交通可靠性研究在实践中是非常有意义的。

可靠性研究在其他网络（水网、电网、信息网等）中由来已久，其模型方法也相对成熟，但交通网络可靠性却是一个新兴的研究课题。由于交通网络中存在拥挤效应和用户择路行为，因此很难将其他网络的研究成果直接应用。迄今为止，城市交通网络可靠性研究主要集中在五个方面：连通可靠度、出行时间可靠度、通行能力可靠度、出行需求满意可靠度和行为可靠性。

连通可靠度（Connectivity Reliability）是日本学者 Mine 和 Kawai[1] 最早提出的。它是指交通网络中每个起始—终讫节点（Origin-destination，OD 对）都保持连通的概率。假设每条道路只有两种运行状态：正常运行或完全失效，只有当每个 OD 对都至少存在一条连通路径时，系统才被认为是可靠的。连通可靠度的概念同样适用于其他网络系统。该可靠度指标直观易懂、计算简单，其主要缺点是不适用于道路通行能力部分退化情形，并且未考虑交通用户行为问题。

1991 年，Asakura 和 Kashiwadani[2] 首次在交通网络中提出出行时间可靠度（Travel Time Reliability）的概念。它是指在能力退化或需求波动的随机网络中，预定交通流量能在规定的时间内从起始节点顺利到达终讫节点的概率。特别是当每条道路通行能力都服从 0-1 分

---

① MINE H，KAWAI H. Mathematics for Reliability Analysis [M]. Japan：Asakura-shoten，1982.

② ASAKURA Y，KASHIWADANI M. Road network reliability caused by daily fluctuation of traffic flow [J]. European Transport，Highways & Planning，Vol. 19，1991.

布时，出行时间可靠度就等同于连通可靠度。此后，Asakura[①] 和 Du[②] 等学者对出行时间可靠性问题做了进一步的研究。其中 Du 的研究最具代表性，构建了退化交通网络出行时间可靠度的综合模型，并提出了退化交通网络敏感性和可靠性分析的理论框架。

1999 年，美国犹他州州立大学教授 Chen 等[③] 提出能力可靠度（Capacity Reliability）的概念。它是指在道路通行能力退化的随机网络中，整个网络系统能满足预定通行能力的概率。其中，路网系统通行能力采用备用能力指标进行度量。为考虑网络系统服务水平因素，Yang 等[④] 通过施加 OD 出行时间约束条件，综合考虑了交通网络能力与出行时间可靠性问题。Chen 和 Chootinan 等[⑤] 又从路段通行能力的角度重新审视了能力可靠性问题。他们利用机会约束（Chance Constraints）方法，将能力可靠度定义为网络中各个路段的流量都小于其通行能力的概率。利用此度量方法，Chen 研究了基于能力可靠度的路网设计和最优信号灯控制问题。

Heydecker 和 Zhang 等[⑥] 提出了出行需求满意可靠度（Travel Demand Satisfaction Reliability）的概念。假设交通网络中存在一定的潜在出行需求，而在弹性需求用户均衡状态下实现的需求称为实际出行需求，实际出行需求与潜在出行需求的比率称为出行需求满意指标。

① ASAKURA Y. Reliability measures of an origin and destination pair in a deteriorated road network with variable flows [C] // BELL M D H, Ed. Transportation Networks: Recent Methodological Advances. Oxford, Pergamon Press, 1996.

② DU Z P, NICHOLSON A. Degradable transportation systems: sensitivity and reliability analysis [J]. Transportation Research Part B, Vol. 31, 1997.

③ CHEN A, YANG H, LO H K. Capacity reliability of road network: an assessment methodology and numerical results [J]. Transportation Research Part B, Vol. 36, 2002.

④ YANG H, LO K K, TANG W. H. Travel time versus capacity reliability of a road network [C]. The 79th Annual Meeting of the Transportation Research Board, Washington D. C, 2000.

⑤ CHEN A, CHOOTINAN P, WONG S C. New reserve capacity model of a signal-controlled road network [J]. Transportation Research Record, Vol. 1964, 2006.

⑥ HEYDECKER B G, LAM W H K, ZHANG N. Use of travel demand satisfaction to assess road network reliability [J]. Transportmetrica, Vol. 3, 2007.

交通网络能满足指定出行需求满意指标的概率称为出行需求满意可靠度。在一定条件下，此可靠度涵盖了出行时间可靠度。此外，一些学者也提出交通系统的脆弱性（Vulnerability）、弹性（Flexibility）的概念，它们实质上都属于交通可靠性研究范畴。

在国内，交通可靠性研究尚处于起步阶段，研究成果也比较有限。其中最具代表性的工作包括：陈艳艳等[①]从道路工程的角度提出畅通可靠度指标，侯立文等[②]对路网可靠性和服务水平问题进行研究，提出基于出行时长的路网可靠度概念，并给出了相应的模拟算法。苗鑫等[③]利用数学中的"云理论"提出交通网络可靠性分析的理论框架。

上述可靠性指标都是从交通网络系统角度进行研究的。从交通用户角度，可靠性问题主要是指行为可靠性（Behavioral Reliability），这也是本书研究的重点问题。

交通用户行为研究是交通科学中一个非常重要的研究领域。从 20 世纪 50 年代起，许多学者就致力于交通用户出行行为的理论研究。1952 年 Wradrop[④]通过对交通用户择路行为的不同假设，提出了交通网络均衡状态的两条原则：用户均衡原则和系统最优原则。假设交通用户在路径选择时只追求自己的阻抗最小化，则"达到均衡时，连接同一 OD 对的所有被使用路径的阻抗都相等，且小于等于任何未被使用路径的阻抗"。此原则被称为 Wradrop 第一均衡原则或用户均衡原则（User Equilibrium，UE 均衡或 UE 原则）。若假设所有交通用户在路径选择时都能接受交通系统的统一调度，最终使整个系统的总阻抗最小化，称之为 Wradrop 第二原则或系统最优原则（System Opti-

---

① 陈艳艳，杜华兵，梁颖. 城市路网畅通可靠度优化遗传算法 [J]. 北京工业大学学报，2003，29（3）：334-337.

② 侯立文，蒋馥. 城市道路网的可靠性仿真 [J]. 系统仿真学报，2002，14（5）：664-668.

③ 苗鑫，西宝. 基于云理论的路网可靠性评估方法 [J]. 公路交通科技，2008，25（8）：132-136.

④ WRADROP J G. Some theoretical aspects of road traffic research [J]. Proceedings of the Institute of Civil Engineers，Vol. 2，No. 1，1952.

mization，SO 原则）。显然，UE 原则更符合交通用户的实际择路行
为，但 SO 原则下整个交通网络的运行效率是最高的。为此，许多专
家学者对 UE 原则和 SO 原则的差距、UE 均衡状态下的无效率上界
等问题进行了深入研究。1956 年，Beckmann 等[①] 提出了著名的
"Beckmann 魔鬼变换"，将 UE 均衡问题转化为一个等价的数学规划
模型。1979 年，Smith[②] 将 UE 条件表达为一个变分不等式模型，并
详细讨论了解的存在性和唯一性条件。这三项研究成果被公认为交通
科学领域的奠基之作。在 UE 原则中，假设所有交通用户对路况完全
了解，并能精确计算所有路径的时间，从而做出完全理性的决策，这
显然是不符合现实的。考虑到交通用户对出行时间的理解误差（Per-
ception Error），Daganzo 和 Sheffi[③] 进一步提出了随机用户均衡
(Stochastic User Equilibrium，SUE) 原则："所有交通用户都力图使
自己的理解出行时间最小化，当达到均衡时，所有路径的理解出行时
间都相等"。通过对出行时间理解误差分布函数的不同假设，分别提
出基于多项式 Logit 和 Probit 的 SUE 模型[④]。

无论是 UE 原则还是 SUE 原则，都假设交通网络本身是确定的，
但现实交通网络具有潜在的不确定性（Uncertainty）：出行需求的日
常波动、道路通行能力的随机退化、反常天气的影响、交叉口的随机
延误、交通事故、信号灯失灵和临时交通管制等。这些复杂因素的相
互作用最终会导致交通用户出行时间出现随机变动。因此，研究出行
时间不确定条件下交通用户的择路行为更具实际意义。

① BECKMANN M J，MCGUIRE C B，WINSTEN C B. Studies in Economics of Transportation
[M]. New Haven：Yale University Press，1956.

② SMITH M J. The existence，uniqueness and stability of traffic equilibria [J]. Transportation Re-
search Part B，Vol. 13，1979.

③ DAGANZO C F，SHEFFI Y. On stochastic models of traffic assignment [J]. Transportation Sci-
ence，Vol. 16，No. 3，1977.

④ SHEFFI Y. Urban Transportation Network：Equilibrium Analysis with Mathematical Program-
ming Methods [M]. New Jersey：Prentice-Hall，1985.

　　近年来，许多学者针对随机网络中交通用户的择路行为问题进行了卓有成效的实证研究。1995 年，Abdel-Aty 等[①]通过实证研究表明：出行者在进行路径选择时，不但考虑出行时间的长短，还考虑出行时间可靠性的高低。2001 年 Lam 和 Small[②]在美国加利福尼亚州做了一次出行调查，结果发现时间可靠性是决定上班族路径选择行为的重要因素。其数据试验还对可靠性价值（Value of Reliability，VOR）进行了估算：男性的 VOR 约为 17 美元/小时，女性的 VOR 约为 31 美元/小时。Bates 和 Bhat 等[③]也在实证研究中发现，上班族在出行路径选择上非常重视"准时性"问题。

　　在理论研究方面，许多学者致力于可靠性均衡配流模型与算法的研究，并取得一定的研究成果。1987 年，Mirchandani 和 Soroush[④]首先在均衡配流问题中同时考虑出行时间不确定性和交通用户感知不确定性问题，并提出了一个广义的用户均衡配流模型。2003 年，Lo 和 Tung[⑤]在通行能力退化的交通网络中给出概率用户均衡（Probabilistic User Equilibrium）条件。其中，交通用户依据出行时间期望最小化原则进行择路，并通过一个机会约束条件表达交通用户的出行时间可靠性要求。此后，Lo 和 Siu 等[⑥]进一步提出了通行能力退化条件下基于出行时间预算的用户均衡（Travel Time Budget User Equilib-

　　① ABDEL-ATY M，KITAMURA R，JOVANIS P. Investigating effect of travel time variability on path choice using repeated measurement stated preference data [J]. Transportation Research Record，Vol. 1493，1995.

　　② LAM T，SMALL K A. The value of time and reliability：measurement from a value pricing experiment [J]. Transportation Research Part E，Vol. 37，2001.

　　③ BATES J，POLAK J，JONES P，et al.. The valuation of reliability for personal travel [J]. Transportation Research Part E，Vol. 37，2001.

　　④ MIRCHANDANI P，SOROUSH H. Generalized traffic equilibrium with probabilistic travel times and perceptions [J]. Transportation Science，Vol. 21，No. 3，1987.

　　⑤ LO H K，TUNG Y K. Network with degradable links：capacity analysis and design [J]. Transportation Research Part B，Vol. 37，No. 4，2003.

　　⑥ LO H K，LUO X W，SIU B W Y. Degradable transport network：travel time budget of travelers with heterogeneous risk aversion [J]. Transportation Research Part B，Vol. 40，No. 9，2006.

rium，TTBUE）配流模型。此模型假设交通用户的风险偏好是各不相同的，他们都依据出行时间预算最小化的原则进行择路，当达到均衡时，同一风险类型交通用户的出行时间预算都相等。利用出行时间预算的概念与 TTBUE 均衡条件，Shao 等[1]进一步考虑出行需求波动对交通用户择路行为的影响，提出基于需求波动的 TTBUE 配流模型。2006 年，Watling 等考虑到出行时间不确定性导致的迟到行为及其惩罚结果，在用户均衡模型中引入一个迟到惩罚（Late penalty）项，给出了基于迟到惩罚的用户均衡模型，并对解的存在唯一性条件进行详细讨论。考虑到反常天气对交通用户择路行为的影响，Lam 和 Shao 等引入有效出行时间（Effective travel time）的概念并将其作为择路依据，提出了反常天气条件下基于有效出行时间的随机用户均衡配流模型。此外，Bell 等利用博弈论的方法提出了基于风险规避的用户均衡配流模型，Chorus 等提出采用运筹学中"随机后悔值最小化"原则进行择路的理论模型，这都为可靠性配流问题开辟了新的研究途径。关于上述可靠性交通配流模型的详细讨论，见参考文献［57-63］。

在国内，交通行为可靠性研究尚处于起步阶段。特别是在实证研究方面与国际研究水平存在较大差距。在理论研究方面，国内学者邵虎、李志纯、徐良、黎茂盛等对行为可靠性问题做了一定的研究工作，见参考文献［55，56，63-65］。

综上所述，交通出行行为研究经历了由简单到复杂、由定性到定量的发展过程。一方面，由于交通管制、信号灯失灵、异常天气等原因，各条道路的通行能力都是不确定的，从而导致整个交通网络通行能力的不确定性；另一方面，由于信息不对称性交通用户不可能获取路网运行情况的实时信息，因此交通用户对出行时间判断也存在一定

---

① SHAO H，LAM W H K，TAM M L. A reliability-based stochastic traffic assignment model for network with multiple user classes under uncertainty in demand ［J］. Networks and Spatial Economics，Vol. 6，2006.

的误差。根据交通网络的不确定性（Network Uncertianty）和交通用户的感知误差（Perception Error）因素，可将路径选择模型分为四类[①]：DN-DUE 模型、DN-SUE 模型、SN-DUE 模型和 SN-SUE 模型。DN-DUE 模型表示既不考虑交通网络通行能力不确定性又不考虑交通用户感知误差的路径选择模型，例如用户均衡（User Equilibrium）配流模型。DN-SUE 模型表示不考虑网络不确定性但考虑交通用户感知误差的路径选择模型，例如随机用户均衡（Stochastic User Equilibrium）配流模型。SN-DUE 模型表示考虑网络不确定性但不考虑交通用户感知误差的路径选择模型。SN-SUE 模型表示既考虑网络不确定性又考虑交通用户感知误差的路径选择模型。显然 SN-SUE 模型考虑因素最全面、最符合实际。本书第 3 章构造的模型属于 SN-DUE 模型，第 4 章构造的模型属于 SN-SUE 模型，而第 5～7 章中采用的都是 DN-DUE 模型。

表 1-1　交通出行路径选择模型分类

路 网 状 态		考虑交通用户感知误差	
		否	是
考虑路网不确定性	否	DN-DUE 模型	DN-SUE 模型
	是	SN-DUE 模型	SN-SUE 模型

　　总体上看，交通可靠性研究正在向随机化、动态化的方向发展，其理论研究也更注重模型的严谨性和算法的实用性。虽然对交通出行行为可靠性理论研究取得了一定的进展，但远未形成完善的理论体系，许多模型和算法仅局限于理论研究，尚未能真正应用于实际交通问题。概括起来，现存问题主要表现在以下方面。

---

　　① CHEN A，JI Z W，RECKER W. Travel time reliability with riskSensitive travelers [J]. Transportation Research Record，Vol. 1783，2002.

　　第一，虽然在交通用户出行行为中考虑了出行时间不确定性因素，但是相关的模型和算法研究仍需完善。特别是在基于可靠性最短路算法研究方面，迄今为止还未构造出非常理想的路径搜索算法。模拟算法需要知道路段时间的具体分布形式、只能得到近似解且计算效率较低，这在实际应用中受到很大限制。因此，构造简单实用、计算高效的可靠性最短路搜索算法是交通可靠性研究的重点问题之一。

　　第二，尽管对可靠性交通配流问题的研究日益深入，但仍有一些基础性、关键性问题尚待解决。首先，大多数可靠性配流模型仅能保证解的存在性，无法保证解的唯一性，使得这些模型缺乏完备的理论基础。其次，由于可靠性度量指标的不可加性（Nonadditivity），使得现有的可靠性配流算法都是基于路径的。但是，路径个数是随路网规模成指数增长的，导致这些算法很难应用于实际的交通网络，特别是无法应用于实时交通控制问题。因此构造理论完备、计算高效的可靠性配流模型与数值求解算法是亟须解决的问题。

　　第三，在随机路网中，受网络拓扑结构、OD 需求波动等因素的影响，各个路段必然存在一定的时间相关性，但大多数配流模型都假设路段时间是相互独立的。这就需要仔细研究路段时间相关性对可靠性配流结果是否存在影响，其影响有多大？另一方面，交叉口的随机延误是造成路面交通时间不确定性的主因，但由于交叉口延误时间不确定性的度量较为困难，可靠性配流模型很少涉及交叉口随机延误问题。

　　第四，许多专家学者对道路通行能力退化情形下的路网能力可靠性问题进行了大量研究，但对出行需求波动下的路网能力可靠性研究成果较少。究其原因，用最大 OD 需求量来定义路网承载能力忽略了路网承载能力与出行需求的适应性问题。因此，有必要对路网承载能力度量指标进行修正，建立更为系统化的路网能力可靠度指标。

　　为此，本书以数学规划理论、概率论和交通规划原理为基础，结合微观经济学中的离散选择理论以及行为科学与管理科学中的有关知识，从交通用户的路径选择行为和交通网络的承载能力两个层面对城市交通网络系统展开深入研究。一方面，考虑到城市交通网络内在的时间不确定性，研究交通用户在不确定性环境下的路径选择行为，以及由此导致的随机网络均衡状态。虽然关于交通用户行为可靠性的研究日益深入，并取得了一定的研究成果，但这些研究大都存在模型解不唯一、算法计算效率低下、实用性不强等问题。为此，本书重点研究适用于大型交通网络的理论模型与数值算法。另一方面，为进一步完善交通网络承载能力研究方法和模型，通过对道路通行能力、交通系统服务水平、交通用户择路行为以及出行需求结构等重要因素进行分析，提出更为实用的交通网络承载能力度量指标，并构建相应的交通路网能力可靠性模型。通过对交通用户出行行为和交通网络承载能力两个层面的理论问题进行研究，可以加深对交通用户行为、交通网络复杂性的认识，为城市交通规划与管理决策提供必要的理论支撑。

2 α-可靠性最短路问题及其路径搜索算法

交通用户行为（Road Users' Behaviors）研究在交通科学领域是一个非常重要的研究课题，包括交通用户对出行目的地（Trip Destination）、出发时间（Departure Time）、出行路径（Route）、交通方式（Traffic Mode）等一系列出行问题的抉择行为。从交通用户个体角度，主要研究交通用户的路径选择行为问题。从整个交通网络角度，主要研究个体路径选择行为所导致的路网均衡状态。在城市交通规划与管理问题中，诸如路网能力估计、路网设计、交叉口信号灯控制、交通拥堵收费问题等，都是以特定的交通用户择路行为假设为前提的。因此，交通用户行为研究在交通实践中具有十分重要的意义。

本章主要研究随机路网中交通用户的择路行为及其路径搜索算法。在运筹学或其他科学领域，许多学者都对随机网络中的随机或概率最短路问题进行过深入的研究。早在 1969 年，Frank[①] 就提出了随机网络中最优路径的定义：实际时间小于给定阈值概率最大的路径。Sigal 等[②]也给出一个类似的定义，但都没有提供相应的路径搜索算

---

① FRANK H. Shortest path in probabilistic graphs [J]. Operational Research，Vol. 17，1983.

② SIGAL C E，PRITSKER A A B，SOLBERG J J. The stochastic shortest route problem [J]. Operational Research，Vol. 28，No. 5，1980.

法。Deng 和 Wong[1]在 CAD 问题中提出统计最短路（Statistical Shortest Path）的概念，并利用网络图变换的方法对此问题进行了精确求解。在交通科学领域，许多学者也开始关注随机或动态路径选择问题。2005 年，Chen[2]提出了随机路网中三类最优路径的定义：最小期望时间（Minimum Expected Travel Time）路径、最可靠（Most Reliable）路径和 α-可靠性（Alpha-reliable）路径。其中 α-可靠性最短路的概念充分考虑到路网的时间不确定性和交通用户的风险偏好，准确地刻画了随机路网中交通用户路径选择行为，是一个非常理想的路径选择准则。Chen 将此问题转化为一个等价的机会约束规划模型，提出了基于 Monte-Carlo 模拟的遗传算法。但是模拟算法都存在计算效率低、只能得到近似解等缺点，这极大地限制了此类算法在大型路网中的应用。

众所周知，Frank-Wolfe 算法是求解用户均衡配流问题的经典算法。其成功之处在于将每一个迭代子问题等价转化为最短路问题，进而利用最短路问题的成熟算法求解。但在基于可靠性的均衡配流算法中，尚未发现类似的基于路段的求解算法。为此，本章首先为 α-可靠性最短路问题构造一个新的搜索算法。在下一章，重点研究基于 α-可靠性的用户均衡配流问题，通过将 α-可靠性最短路搜索算法作为加载子程序，构造基于路段的均衡配流算法。

① DENG L，WONG M D F. An exact algorithm for the statistical shortest path problem [C]. Proceedings of the 2006 Conference on Asia South Pacific Design Automation，Japan，Yokohama，2006.

② CHEN A，JI Z W. Path finding under uncertainty [J]. Journal of Advanced Transportation，Vol. 39，2005.

2.1 α-可靠性最短路问题简介

在城市路网中，受出行需求波动、道路通行能力退化以及交通事故等因素的影响，各条道路上的行驶时间都是随机变化。因此，交通用户的日常出行时间必然是不确定的。若将此不确定性视为一种风险，每个交通用户都会预留足够的出行时间尽量规避这种风险，确保准时到达。为此，采纳 Lo[①] 的定义，称此预留时间为出行时间预算（Travel Time Budget）。

交通用户的出行风险偏好一般是各不相同的，这不仅取决于交通用户对待风险的态度，还取决于他们的出行目的（Trip Purpose）。对于极为重要的活动（如参加会议、赶飞机或火车、面试等），交通用户的准时到达要求非常高，交通用户通常会设定较长的出行时间预算以确保能够按时到达。对于上班、会友、聚会等活动，准时性要求相对较低，所以可以预留较少的出行时间预算或按照日常平均时间出行即可。而对于那些对到达时间没任何要求的活动，如日常的购物、休闲娱乐等活动，交通用户的出行时间预算可以更小。为此，定义交通用户的三种风险类型[②]：

定义 2.1   风险喜好型、风险中立型与风险规避型。

基于特定的出行目的，若交通用户的准时到达概率（或出行时间可靠性）α 要求小于 50%，等于 50% 或大于 50%，分别称为风险喜好型（Risk-prone）、风险中立型（Risk-neutral）与风险规避型（Risk-

---

① LO H K, LUO X W, SIU B W Y. Degradable transport network: travel time budget of travelers with heterogeneous risk aversion [J]. Transportation Research Part B, Vol. 40, No. 9, 2006.

② CHEN A, JI Z W, RECKER W. Travel time reliability with riskSensitive travelers [J]. Transportation Research Record, Vol. 1783, 2002.

averse）交通用户。

下面举例说明不同类型交通用户的出行时间预算差异。考虑一个简单的例子：从起点到终点仅有一条路径。为刻画路径时间的随机变动，假设路径时间 T 服从期望值为 10min，标准差为 5min 的正态分布：$T \sim N(10, 5^2)$。图 2-1 给出了时间 T 的概率密度曲线。

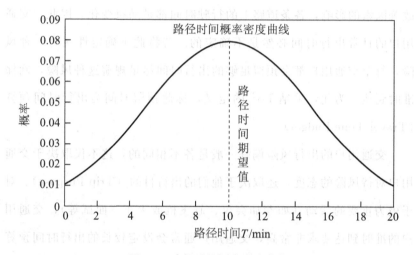

图 2-1　路径时间概率密度曲线

假设风险喜好型、风险中立型与风险规避型交通用户的准时到达概率 α 分别为 15%，50% 和 85%。经简单地概率计算，三类交通用户的出行时间预算分别为 4.8min，10min 和 15.2min（图 2-2）。可以看出，对于风险喜好型交通用户，其出行时间预算小于期望值，风险中立型交通用户总是按期望值出行，而对于风险规避型交通用户，其出行时间预算大于期望值。并且交通用户的准时到达要求越高，所需出行时间预算就越长。大量实证研究表明[①]：现实交通网络中风险喜好型交通用户是非常稀少的，绝大多数交通用户都属于风险中立型或风险规避型。

---

① PALMA DE A，PICARD N. Path choice decision under travel time uncertainty ［J］. Transportation Research Part A，Vol. 39，2005.

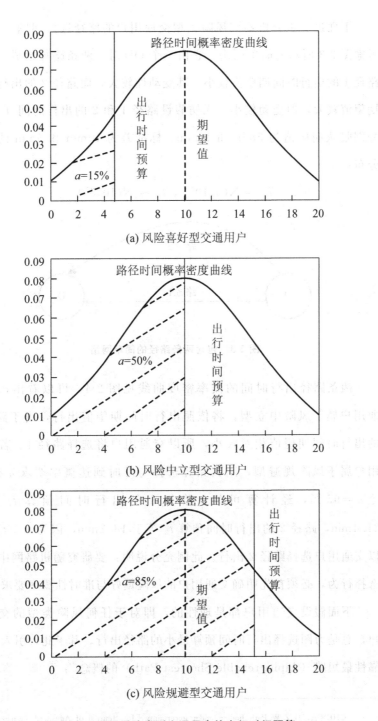

(a) 风险喜好型交通用户

(b) 风险中立型交通用户

(c) 风险规避型交通用户

图 2-2 不同风险类型交通用户的出行时间预算

　　下面进一步分析不同风险类型交通用户的路径选择问题。为此，考虑图 2-3 所示的简单网络，它由一个 OD 对、两条路径组成。假设路径 1 的出行时间期望值较小，其变动性较大，而路径 2 的出行时间期望值较大，但变动较小。无妨假设路径 1 和 2 的出行时间 T_1、T_2 分别服从期望值为 5min 和 10min、标准差为 10min 和 5min 的正态分布：

$$T_1 \sim N(5,10^2) \ , \ T_2 \sim N(10,5^2)$$

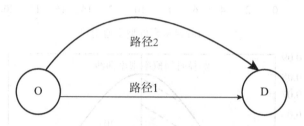

图 2-3　包含两条路径的简单网络

　　两条路径出行时间的概率密度曲线见图 2-4。可以看出，若交通用户属于风险中立型，将依照出行时间期望值出行，由于路径 1 的出行时间期望值相对较小，所以交通用户将选择路径 1。若交通用户属于风险规避型，则其路径选择与准时到达概率要求 α 有关。令 $\alpha = 95\%$，经计算可知，路径 1 的出行时间预算 $\bar{t}_1$ 等于 21.4min，路径 2 的出行时间预算 $\bar{t}_2$ 等于 18.2min，因为 $\bar{t}_1 > \bar{t}_2$，所以交通用户选择路径 2 出行。此例充分说明：要研究随机路网中路径选择行为，必须首先明确交通用户的风险偏好与准时性概率要求。

　　下面假设交通用户都是理性的，即对于任何风险类型的交通用户，总是力图选择出行时间预算最小的路径出行。基于此，引入 α-可靠性最短路（Alpha-reliable Shortest Path）的概念[①]：

　　① CHEN A, JI Z W. Path finding under uncertainty [J]. Journal of Advanced Transportation, Vol. 39, 2005.

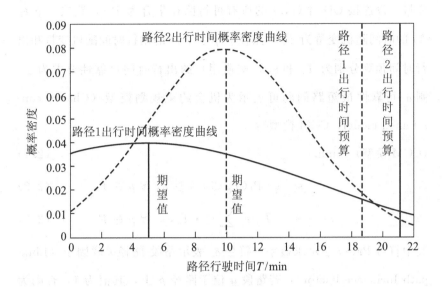

图 2-4 两条随机路径上的出行时间预算

定义 2.2 α-可靠性最短路。

在随机路网中，若交通用户的出行时间可靠性要求为 α，则满足此要求的所有可行路径中出行时间预算最小者称为 α-可靠性最短路。

显然，α-可靠性最短路的定义既考虑了路网的时间不确定性，又考虑了交通用户的出行风险偏好，可以充分反映了随机路网中交通用户的路径选择行为。如何在随机路网中寻找 α-可靠性最短路的问题简称为 α-可靠性最短路问题。

2.2 α-可靠性最短路搜索算法的理论基础

设随机路网的网络图为 $G(N,A)$，其中 N 代表路网中所有节点，A 代表所有路段。交通用户的起始节点为 r、终讫节点为 s。为符号表示清晰，用大写斜体字母代表随机变量，小写斜体字母代表确定性变量。设连接 OD 对 (r,s) 的所有可行路径集合为 P_{rs}，路段 $a(a \in A)$ 的时间随机变量为 T_a，路径 $p(p \in P_{rs})$ 的出行时间随机变量和出行时间预算分别为 T_p 和 t_p，交通用户的出行时间可靠性要求为 α。则 α-可靠性最短路问题可表示为机会约束规划模型 （Chance constrained model，CCM 模型）：

（CCM 模型） $\quad \min_{p \in P_{rs}} t_p$ $\hspace{4cm}$ （2.1）

$$\text{s. t.} \quad \Pr(T_p \leqslant t_p) \geqslant \alpha, \ \forall \, p \in P_{rs} \qquad (2.2)$$

$$T_p = \sum_{a \in A} \delta_a^p \cdot T_a, \quad \forall \, p \in P_{rs} \qquad (2.3)$$

其中符号 $\Pr(\cdot)$ 表示求概率，符号 δ_a^p 表示路段-路径关联因子 （Link-path Incidence Factor）：若路段 a 位于路径 p 上，其值为 1，否则为 0。目标函数 （2.1） 是对所有可行路径的出行时间预算 t_p 求极小，机会约束 （2.2） 要求每条路径上的出行时间预算都能保证交通用户以 α 概率准时到达，约束 （2.3） 说明路径时间等于该路径上所有路段时间之和。

2.2.1 等价的数学模型

在随机路网中，令路段 $a(a \in A)$ 的时间随机变量为 T_a，其期望值和方差分别为 t_a 和 σ_a^2。假设路段时间随机变量 T_a 是相互独立的，且分布函数形式相同。在实际交通网络中，任意一条路径都是由若干路段组成，由公式 （2.3） 可知：路径时间随机变量近似满足中心极限定理条件。即无论路段时间 T_a 满足什么分布，路径时间 T_p 都近似服从正态分布 $T_p \sim N(t_p, \sigma_p^2)$，其中路径时间期望 t_p 和方差 σ_p^2 分别为：

$$t_p = \sum_{a \in A} \delta_a^p \cdot t_a, \ \sigma_p^2 = \sum_{a \in A} \delta_a^p \cdot \sigma_a^2, \ \forall \, p \in P_{rs} \qquad (2.4)$$

将约束条件 （2.2） 改写为：

$$\Pr(T_p \leqslant \bar{t}_p) = \Pr\left(\frac{T_p - t_p}{\sigma_p} \leqslant \frac{\bar{t}_p - t_p}{\sigma_p}\right) \geqslant \alpha, \ \forall p \in P_{rs} \quad (2.5)$$

因为路径时间 T_p 服从期望值为 t_p、方差为 σ_p^2 的正态分布，所以随机

变量 $\frac{T_p - t_p}{\sigma_p}$ 服从标准正态分布：$\frac{T_p - t_p}{\sigma_p} \sim \mathrm{N}(0, 1^2)$。令标准正态分

布的累积分布函数为 $\varphi(\cdot)$，则约束条件（2.5）等价于：

$$\bar{t}_p \geqslant t_p + \varphi^{-1}(\alpha) \cdot \sigma_p$$

其中 $\varphi^{-1}(\cdot)$ 表示累积分布函数 $\varphi(\cdot)$ 的逆函数。令参数 $\lambda_\alpha = \varphi^{-1}(\alpha)$，上式可简化为：

$$\bar{t}_p \geqslant t_p + \lambda_\alpha \cdot \sigma_p \quad (2.6)$$

其中参数 λ_α 表示交通用户的风险规避水平（Risk-averse Level），它是由交通用户的出行时间可靠性要求决定的。根据标准正态函数的累积分布表，表 2-1 给出了风险规避水平 λ_α 和出行时间可靠性 α 的对应关系。从中可以看出：风险规避水平参数 λ_α 与出行时间可靠性参数 α 是一一对应的，并且是正相关的。

表 2-1　出行时间可靠性与风险规避水平参数对照表

出行时间可靠性 α	50%	60%	70%	80%	90%	95%	99%
风险规避水平 λ	0	0.25	0.52	0.84	1.28	1.64	2.33

将约束条件（2.6）代入 CCM 模型（2.1）~（2.3），考虑到目标函数是对出行时间预算 $\bar{t}_p$ 求极小值，则不等式约束（2.6）可以改写为等式约束，因此 CCM 模型（2.1）~（2.3）等价于：

（ARSP 模型）　$\min\limits_{p \in P_{rs}} \bar{t}_p = t_p + \lambda_\alpha \cdot \sigma_p \quad (2.7)$

$$\mathrm{s.\,t.} \ t_p = \sum_{a \in A} \delta_a^p \cdot t_a, \qquad \forall p \in P_{rs} \quad (2.8)$$

$$\sigma_p^2 = \sum_{a \in A} \delta_a^p \cdot \sigma_a^2, \qquad \forall p \in P_{rs} \quad (2.9)$$

称模型（2.7）~（2.9）为 α-可靠性最短路模型（简称为 ARSP 模型）。此模型中，路径时间期望值是可加的（Additive），即路径时间

期望值等于该路径上所有路段时间期望值之和。同理可知路径时间的方差也是可加的。但是应该注意到路径时间的标准差并不具有可加性，即：

$$\sigma_p \neq \sum_{a \in A} \delta_a^p \cdot \sigma_a, \ \forall \, p \in P_{rs} \tag{2.10}$$

这就导致路径出行时间预算 $t_p = t_p + \lambda_a \cdot \sigma_p$ 也不具备可加性。因此，ARSP 模型并不是标准的最短路问题，即不能简单地将路段时间期望和标准差的线性组合 $t_a + \lambda_a \cdot \sigma_a$ 作为路段的权重，通过求解相应的最短路问题来得到 ARSP 模型（2.7）～（2.9）的解。

2.2.2 双准则最短路问题及其有效极点解

由于路径时间的标准差不具有可加性，无法直接利用最短路搜索算法求解 ARSP 模型。但是路径时间的方差是可加性的，下面将充分利用此特点构造 ARSP 模型的路径搜索算法。

定义路径时间期望和方差函数：

$$c(p) = t_p, \ v(p) = \sigma_p^2, \ \forall \, p \in P_{rs}$$

考虑由函数 $c(p)$ 和 $v(p)$ 构成的双准则最短路问题（Bicriterion shortest path，BSP 问题）：

（BSP 模型） $$\min_{p \in P_{rs}} [c(p), v(p)] = [t_p, \sigma_p^2] \tag{2.11}$$

$$\text{s.t.} \ t_p = \sum_{a \in A} \delta_a^p \cdot t_a, \ \forall \, p \in P_{rs} \tag{2.12}$$

$$\sigma_p^2 = \sum_{a \in A} \delta_a^p \cdot \sigma_a^2, \ \forall \, p \in P_{rs} \tag{2.13}$$

其中目标函数（2.11）表示对路径时间期望和方差两个目标函数同时求极小，等式（2.12）和（2.13）说明路径时间的期望和方差是可加的。称可行路径集合 P_{rs} 为 BSP 问题的决策空间，称元素 $p \in P_{rs}$ 为决策变量。显然决策空间 P_{rs} 中任何一条路径 p 都有唯一的一组实数值 $[c(p), v(p)]$ 相对应，由此可以构成一个映射：$H: p \rightarrow [c(p),$

$v(p)$]。令此映射的象空间为 Ω，即：

$$\Omega = H(P_{rs}) = \{[c(p), v(p)] \mid p \in P_{rs}\}$$

称为双准则空间（Bicriterion Space）。在不引起混淆的情况下，符号 p 既可以代表决策空间中的一条路径，又可表示双准则空间 Ω 中的一个象点。图 2-5 给出了映射关系 H 的图示。

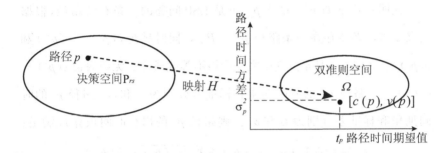

图 2-5　决策空间到双准则空间的映射关系

为讨论方便，首先给出 BSP 问题（2.11）～（2.13）的一些基本概念：

定义 2.3　有效路径（Efficient Path）。

对于决策空间 P_{rs} 中的一条路径 $\bar{p}$，若不存在其他任何路径 $p \in P_{rs}$，使得：

$$c(p) \leqslant c(\bar{p}), \quad v(p) \leqslant v(\bar{p})$$

同时成立且其中之一的严格不等式成立，则称路径 $\bar{p}$ 为 BSP 问题的有效路径（或有效解）。

定义 2.4　有效极点路径（Efficient Extreme Path）。

对于决策空间 P_{rs} 中的一条路径 $\bar{p}$，若其象点 $H(\bar{p})$ 是象空间 cov (Ω) 的一个顶点，即不存在任何路径 $p_1, p_2, \cdots p_k \in P_{rs}$ 以及实数 ω_1, $\omega_2, \cdots \omega_k$，满足 $\sum_{i=1}^{k} \omega_i = 1, 0 \leqslant \omega_i \leqslant 1 (i = 1, 2, \cdots k)$，且：

$$H(\bar{p}) = \sum_{i=1}^{k} \omega_i H(p_i)$$

则称路径 $\overline{p}$ 为 BSP 问题的有效极点路径（或有效极点解）。

下面继续讨论 ARSP 问题（2.7）～（2.9）与 BSP 问题（2.11）～（2.13）解之间的关系。为此，有如下定理：

定理 2.1 若路径 p^* 是 ARSP 问题（2.7）～（2.9）的解，则它必是 BSP 问题（2.11）～（2.13）的一条有效路径。

证明：反证如下，假设 p^* 不是 BSP 问题的一条有效路径，根据定义 2.3，必然存在一条路径 $p_0 \in P_{rs}$，同时满足 $c(p_0) \leqslant c(p^*)$ 和 $v(p_0) \leqslant v(p^*)$，且至少其中之一严格不等式成立。无妨假设 $c(p_0) < c(p^*)$。令路径 p^* 的时间期望和标准差分别为 t^* 和 σ^*，路径 p_0 的时间期望和标准差分别为 t_0 和 σ_0。则路径 p_0 的出行时间预算 $\bar{t}_0$ 满足：

$$\bar{t}_0 = t_0 + \lambda_\alpha \cdot \sigma_0 = c(p_0) + \lambda_\alpha \sqrt{v(p_0)} < c(p^*)$$
$$+ \lambda_\alpha \sqrt{v(p^*)} = t^* + \lambda_\alpha \cdot \sigma^* = \bar{t}^*$$

其中 $\bar{t}^*$ 是路径 p^* 的出行时间预算。这说明路径 p^* 并不是出行时间预算最小的路径，与已知条件矛盾。故假设不成立，则 p^* 必是 BSP 问题的一条有效路径。

据定理 2.1，就可以设计出求解 ARSP 问题的一个算法，即：通过列举 BSP 问题（2.11）～（2.13）的所有有效路径，然后计算这些有效路径的出行时间预算值并进行比较，其中最小者就是 ARSP 问题的解。但根据多目标规划理论，求解双准则最短路问题的有效解是一个 NP（非确定性多项式，Non-deterministic Polynomial 的缩写）困难问题[1]，即不可能存在一个求解算法，可以在多项式的时间内对问题进行精确求解。因此列举所有有效路径的算法在实际应用中是很难实现的。

下面进一步考虑 ARSP 问题与 BSP 问题有效极点解之间的关系。

---

[1] SKRIVER A J V, ANDERSON K A. A label correcting approach for solving bi-criterion shortest-path problems [J]. Computers & Operations Research European，Vol. 27，No. 6，2000.

定理 2.2　若路径 p^* 是 ARSP 问题(2.7)～(2.9) 的解，则它必是 BSP 问题 (2.11)～(2.13) 的一条有效极点路径。

证明： 若路径 p^* 是 ARSP 问题的解，由定理 2.1 可知：p^* 必是 BSP 问题的有效路径。下面进一步证明它还是有效极点路径。反证如下，假设 p^* 不是 BSP 问题的有效极点路径，据定义 2.4，必存在决策空间 P_{rs} 中的一组路径 $p_1, p_2, \cdots p_k \in P_{rs}$ 以及一组实数 $\omega_1, \omega_2, \cdots \omega_k$，满足 $\sum\limits_{i=1}^{k} \omega_i = 1$，$0 \leqslant \omega_i \leqslant 1$ $(i = 1, 2, \cdots k)$，且：

$$H(p^*) = \sum_{i=1}^{k} \omega_i H(p_i)$$

由映射 H 的定义，上式等价于：

$$t^* = \sum_{i=1}^{k} \omega_i \cdot t_i，(\sigma^*)^2 = \sum_{i=1}^{k} \omega_i \cdot \sigma_i^2 \tag{2.14}$$

其中 t^*, t_i 分别代表路径 p^* 和 p_i 的时间期望值，$(\sigma^*)^2$ 和 σ_i^2 分别代表路径 p^* 和 p_i 的时间方差。为讨论方便，无妨假设路径 $p_1, p_2, \cdots p_k$ 是按其出行时间预算值 $\bar{t}_i$ 升序排列，即：$\bar{t}_{i-1} \leqslant \bar{t}_i$，$i = 2, \cdots k$。因此有：

$$\bar{t}_1 \leqslant \bar{t}_i = t_i + \lambda_a \cdot \sigma_i，i = 1, 2, \cdots k. \tag{2.15}$$

定义函数 $f(x) = \sqrt{x}$，显然它在区间 $[0, +\infty)$ 上是严格凹函数。根据严格凹函数定义和条件 (2.14) 可知：

$$\sigma^* = f((\sigma^*)^2) = f(\sum_{i=1}^{k} \omega_i \cdot \sigma_i^2) > \sum_{i=1}^{k} \omega_i \cdot f(\sigma_i^2) = \sum_{i=1}^{k} \omega_i \cdot \sigma_i$$

$$\tag{2.16}$$

由条件 (2.14) 和 (2.16) 可知路径 p^* 的出行时间预算 $\bar{t}^*$ 满足：

$$\bar{t}^* = t^* + \lambda_a \cdot \sigma^* > \sum_{i=1}^{k} \omega_i \cdot t_i + \lambda_a \cdot \sum_{i=1}^{k} \omega_i \cdot \sigma_i = \sum_{i=1}^{k} \omega_i \cdot \bar{t}_i$$

$$\tag{2.17}$$

又根据条件 (2.15) 和 (2.17) 得：

$$t^* = \sum_{i=1}^{k} \omega_i \cdot t_i > \sum_{i=1}^{k} \omega_i \cdot t_1 = t_1$$

这说明路径 p^* 并不是出行时间预算最小的路径,与已知条件矛盾。因此假设不成立,路径 p^* 必是 BSP 问题的一条有效极点路径。

定理 2.2 说明,ARSP 问题的解必是 BSP 问题的一个有效极点路径。因此可以通过求解 BSP 问题的所有有效极点路径,计算出行时间预算值并进行比较来获得 ARSP 问题的解。据多目标规划理论:虽然列举多目标优化问题的有效路径是非常困难的,但列举有效极点路径却非常容易。这是因为大型网络中有效极点路径的个数非常稀少,数值试验表明:对于节点个数为 1 000 左右的格子网络,其有效极点为 23 个[①]。因此从计算效率角度看,通过列举 BSP 问题的有效极点路径的方法求解 ARSP 问题是非常高效的。

根据定理 2.2,只有列举出 BSP 问题的所有有效极点路径并计算其出行时间预算值,才能通过比较大小来获得 ARSP 问题的解。实际上,列举出全部的有效极点路径是不必要的。下面继续讨论有效极点路径列举过程的终止条件。

如图 2-6 所示,将 BSP 问题 (2.11)~(2.13) 的所有有效极点路径按时间期望值降序排列为 $p_1, p_2, \cdots p_k$,并顺次连接各个节点,得到 BSP 问题的有效前沿面(Efficient Frontier)L。

显然 L 是一个分段线性凸函数。令 L_i 表示连接点 p_{i-1} 和 p_i 的直线,其函数表达式为:

$$y = a_i x + b_i$$

其中斜率 a_i 和截距 b_i 分别为:

$$a_i = \frac{v(p_i) - v(p_{i-1})}{c(p_i) - c(p_{i-1})} = \frac{\sigma_i^2 - \sigma_{i-1}^2}{t_i - t_{i-1}} \ , \ b_i = v(p_i) + a_i c(p_i) = \sigma_i^2 + a_i t_i$$

① CHANDRASEKARAN R,ANEJA Y P,NAIR K P K. Minimum cost-reliability ratio spanning tree. In Studies on Graphs and Discrete Programming [M]. North-Holland,Amsterdam,1981.

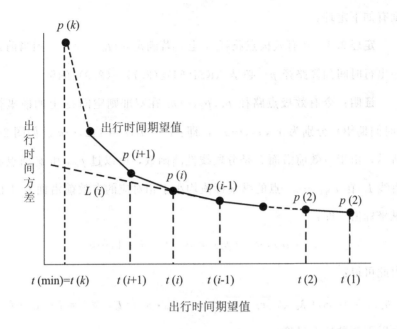

图 2-6　有效极点路径及其有效前沿面

在直线 L_i 上定义函数 $h_i(\cdot)$ 如下：

$$h_i(x) = x + \lambda_\alpha \sqrt{y} = x + \lambda_\alpha \sqrt{a_i x + b_i} \qquad (2.18)$$

引理 2.1　函数 $h_i(x)$ 在定义域上是凹函数，并在点 $x^* = \dfrac{\lambda_\alpha^2 a_i^2 - 4b_i}{4a_i}$ 处达到极大值。

证明： 对函数 $h_i(x)$ 求一阶、二阶导数：

$$h_i'(x) = 1 + \frac{\lambda_\alpha a_i}{2\sqrt{a_i x + b_i}} \ , \ h_i''(x) = -\frac{\lambda_\alpha a_i^2}{4\sqrt{(a_i x + b_i)^3}}$$

注意到 $\lambda_\alpha \geqslant 0$，因此 $h_i(x)$ 在定义域内满足：$h_i''(x) \leqslant 0$，所以 $h_i(x)$ 是凹函数。令 $h_i'(x) = 0$ 可得：$x^* = \dfrac{\lambda_\alpha^2 a_i^2 - 4b_i}{4a_i}$，它是函数 $h_i(x)$ 的极大值点。

令 $t_{\min} = c(p_k) = t_k$，$t_{\max} = c(p_1) = t_1$，前 i 个有效极点路径 p_1，$p_2,\cdots p_i$ 中出行时间预算最小值为 $t_i^* = \min\limits_{1 \leqslant l \leqslant i}\{t_l^-\}$，它对应的路径为 p^*。

则有如下定理：

定理 2.3 在有效极点路径 p_i 上，若满足 $h_i(t_{\min}) \geqslant t_i^*$，则当前最小出行时间预算路径 p^* 必是 ARSP 问题(2.7)~(2.9) 的解。

证明： 令有效极点路径 $p_1, p_2, \cdots p_k$ 在双准则空间 Ω 上的横坐标（时间期望）分别为 $x_1, x_2, \cdots x_k$，即：$x_i = t_i, i = 1, 2, \cdots k$。如图 2-6 所示，由于有效前沿面 L 是分段线性凸函数，所以过 p_{i-1} 和 p_i 两点的直线 L_i 在 $x_{i+1}, \cdots x_k$ 点的纵坐标值均小于相对应的有效前沿面 L 上的纵坐标值，即：

$$a_i + b_i x_l < v(p_l) = \sigma_l^2, \quad l = i+1, \cdots k.$$

由此可得：

$$h_i(x_l) = x_l + \lambda_a \sqrt{a_i x_l + b_i} < x_l + \lambda_a \cdot \sigma_l = t_l, \quad \forall l = i+1, \cdots k$$

分以下两种情形讨论：

（a）若 $x_i \leqslant \dfrac{\lambda_a^2 a_i^2 - 4b_i}{4a_i}$，则根据引理 2.1，$x_{i+1}, \cdots x_k$ 均位于函数 $h_i(\cdot)$ 的单调增区间内，因此有：

$$t_i^* \leqslant t_k \leqslant h_i(t_{\min}) \leqslant h_i(x_l) < t_l, \quad \forall l = i+1, \cdots k.$$

这恰好说明 t_i^* 是有效极点路径中出行时间预算最小者，而对应的 p^* 是出行时间预算最小的路径，因此它是 ARSP 问题的解。

（b）若 $x_i > \dfrac{\lambda_a^2 a_i^2 - 4b_i}{4a_i}$，据引理 2.1，必存在唯一点 $\overline{x}_i < \dfrac{\lambda_a^2 a_i^2 - 4b_i}{4a_i}$，使得：$h_i(\overline{x}_i) = h_i(x_i)$。在区间 $[\overline{x}_i, x_i]$ 上，根据引理 2.1 显然有：

$$t_i^* \leqslant h_i(x_i) < h_i(x_l), \quad \forall x_l \in [\overline{x}_i, x_i].$$

而对于满足 $x_l > x_i$ 的点，则属于情形（a），因此 t_i^* 是所有有效极点路径中出行时间预算的最小者。

综上所述，有效极点路径 p^* 确实是 ARSP 问题(2.7)~(2.9) 的解。

据定理 2.3，在有效极点路径列举过程中，可根据公式（2.18）在每个有效极点路径 p_i 上构造判别函数 $h_i(\cdot)$，然后计算它在期望值最小的有效极点路径上的函数值，并与当前出行时间预算最小值进行比较，从而判断是否可以终止有效极点路径列举过程。

2.3 基于参数分析的最短路搜索算法

上节理论分析指出：求解 α-可靠性最短路问题可以转化为求解对应的 BSP 问题的有效极点路径。但并未给出 BSP 问题有效极点路径列举的具体方法。在线性多目标规划理论中，关于有效极点列举的算法已经非常成熟，其中最常用的是最短路参数分析（Parametric Analysis of Shortest Path）方法[①]。对于 BSP 问题（2.11）～（2.13），其基本思想是以路段时间期望 t_a 和方差 σ_a^2 的线性组合 $\sigma_a^2 + \mu \cdot t_a$ 作为路段的度量权重，求解相应的最短路问题，并使参数 μ 从 0 开始逐渐增加至充分大的数来获得 BSP 问题（2.11）～（2.13）的全部有效极点路径。下面结合定理 2.3 的有效极点路径列举终止条件，给出 ARSP 问题（2.7）～（2.9）的最短路搜索算法的详细过程。

PASP 算法：

步骤 1 以路段时间期望值 t_a 为路段的权重，求解从起点 r 到终点 s 的期望值最短路问题。令此最短路径的时间期望值为 t_{min}。

步骤 2 以路段时间方差 σ_a^2 为路段权重，求解相应的方差最短路问题，得到由起点到所有节点最短路构成的最短路树[②]（Shortest

---

① MOTE J, MURTHY I, OLSON D L. A parametric approach to solving bicriterion shortest path problems [J]. European Journal of Operational Research, Vol. 53, 1991.

② CHANDRASEKARAN R, ANEJA Y P, NAIR K P K. Minimum cost-reliability ratio spanning tree. In Studies on Graphs and Discrete Programming [M]. North-Holland, Amsterdam, 1981.

Path Tree) T_1。令 $\overline{T}_1 = A \setminus T_1$ 表示除去最短路树 T_1 后剩余路段集合。计算最短路树 T_1 中各个节点 i 的时间期望值和方差的对偶变量 μ_i 和 π_i 如下：

$$\mu_r = 0,\ \mu_j - \mu_i = t_a,\ \forall a = (i,j) \in T_1 \tag{2.19}$$

$$\pi_r = 0,\ \pi_j - \pi_i = \sigma_a^2,\ \forall a = (i,j) \in T_1 \tag{2.20}$$

对偶变量 μ_i 和 π_i 分别表示从起始节点 r 到节点 i 的时间期望和方差的最短距离。设初始最优路径为 $p^* = p_1$，初始出行时间预算值为 $t^* = +\infty$，令 $k = 1$。

步骤3 计算路段集合 $\overline{T}_k$ 中各个路段 a 的相对系数：

$$\tilde{t}_a = t_a + \mu_i - \mu_j,\ \tilde{\sigma}_a^2 = \sigma_a^2 + \pi_i - \pi_j,\ \forall a = (i,j) \in \overline{T}_k \tag{2.21}$$

定义检验集合 $\Psi = \{a \in \overline{T}_k \mid \tilde{t}_a < 0\}$。分以下两种情形：第一，若检验集合 Ψ 为空集，则说明已经不存在时间期望值更小的有效极点路径，算法搜索过程结束，转步5。第二，若检验集合非空，设路段 $b = (u,v)$ 的相对系数满足：

$$-\frac{\tilde{\sigma}_b^2}{\tilde{t}_b} = \min_{a \in \Psi}\{-\frac{\tilde{\sigma}_a^2}{\tilde{t}_a}\} \tag{2.22}$$

称之为换元路段。进行主元置换（Povit operation）如下：在最短路树 T_k 中，去掉连接节点 v 的唯一主元路段 (w,v)，增加新路段 $b = (u,v)$。此时，路段 b 将最短路树 T_1 分成两个独立的子树（Subtree）T_k^1 和 T_k^2，其中 T_k^1 不包含节点 v，而 T_k^2 包含节点 v。更新子树 T_k^2 中各个节点 l 的对偶变量 μ_l 和 π_l 如下：

$$\mu_l = \mu_l + \tilde{t}_b,\ \pi_l = \pi_l + \tilde{\sigma}_b^2,\ l \in T_k^2 \tag{2.23}$$

令 $k = k+1$，T_k 为经过主元置换后新的最短路树，p_k 为对应的从起点 r 到终点 s 的唯一最短路径。若 $\tilde{\sigma}_b^2 > 0$ 且主元路段 (w,v) 位于原最优路径 p_{k-1} 上，转到步4，否则重复本步骤3。

步骤4 计算路径 p_k 的出行时间预算 $t_k^- = t_k + \lambda_a \sigma_k$。若 $t_k^- < t^*$，令

$t^* = t_k^-$，$p^* = p_k$。根据公式（2.18）构造判别函数 $h_k(\cdot)$，判断条件 $h_k(t_{\min}) \geqslant t^*$ 是否满足，若满足，停止迭代，转步骤5；否则，转步骤3。

步骤5 输出路径搜索结果：当前路径 p^* 就是 ARSP 问题（2.7）～（2.9）的解，t^* 是最小出行时间预算值。

在 PASP 算法中，步骤 1-4 中的主元置换运算是最短路参数分析方法的核心。该方法在许多教科书[①]或文献[②]中都有详细的介绍，在此从略。

关于 PASP 算法的计算复杂性（Computational Complexity）问题，下面的定理说明它是多项式算法。

定理 2.4 路网中节点个数和路段个数分别为 n 和 m（$n \leqslant m$），假设路段时间期望值为整数，其最大值为 B。则 PASP 算法的计算复杂性为 $0(mnB\log m)$。

证明：在步骤 1 中，需要执行一次最短路搜索，若采用经典的搜索算法（如 Moore 算法），计算复杂性为 $0(n^2)$。同理，在步骤 2 中方差最短路搜索的计算复杂性也为 $0(n^2)$。因为最短路树中节点个数最多为 n 个，所有节点的时间期望值和方差的对偶变量 μ_i 和 π_i 的上界为 nB，因此对偶变量更新过程最多需要执行 $0(n^2B)$ 次运算。在步骤 3 中，若采用线程索引[③]（Thread Indices）来存储最短路树，更新相对系数 $\bar{t}_a, \bar{\sigma}_a^2$ 的计算复杂性为 $0(n^2B)$，选择换元路段最多需要执行 $0(n^2B\log m)$ 次运算，更新子树 T_k^2 中各个节点的对偶变量 μ_l 和 π_l 最多需要执行 $0(mnB\log m)$ 次运算。在步骤 4 中，计算判别函数 $h_k(\cdot)$ 最多需要 $0(nB)$ 次运算。因为 $n \leqslant m$，所以步骤 3 中的更新子树 T_k^2 中

① ZELENY M. Linear Multiobjective Programming [M]. New York：Springer Press，1974.

② AHUJA R K. Minimum cost-reliability ratio path problem [J]. Computers & Operations Research，Vol. 15，No. 1，1988.

③ AHUJA R K. Minimum cost-reliability ratio path problem [J]. Computers & Operations Research，Vol. 15，No. 1，1988.

各个节点的对偶变量 μ_l 和 π_l 的计算复杂性最高，因此，整个 PASP 算法的计算复杂性为 $0(mnB\log m)$。

定理 2.4 说明，PASP 算法确实是一种多项式算法，因此具有非常高的计算效率。对此算法中有效极点路径的搜索过程，还应该注意以下几点。

第一，该算法是从时间方差最小的有效极点路径开始、按方差递增（期望值递减）的顺序依次列举各个有效极点的。步骤 1 中期望值最短路搜索只是为了获取最小路径时间期望值 $t_{\min}$，以便在步骤 4 中进行算法终止检验。类似地，也可以采用从时间期望值最小的路径开始搜索，此时迭代终止条件定理 2.3 和 PASP 算法都需要做相应修改，在此从略。

第二，在步骤 3 中，每一次主元置换运算并不能保证都能得到新的有效极点路径，因此首先要检查主元置换后是否改变了当前的最优路径，若没有改变，此次主元置换运算就是无效的，需要重新进行主元置换。

第三，在步骤 4 中，若条件 $h_k(t_{\min}) \geqslant t^*$ 满足，可以终止迭代，当前最优路径 p^* 就是 ARSP 问题的解。若此条件不满足，并不能说明路径 p^* 不是 ARSP 问题的解。这是因为定理 2.3 仅仅是保证迭代过程终止的充分条件。但是，PASP 算法并未能给出算法终止的充分必要条件，这是值得进一步研究的问题。

2.4 数值算例

为说明 PASP 算法的有效性和计算效率，考虑图 2-7 所示的格子网络，它包含 9 个节点，12 条有向路段。节点 1 是交通用户的起点，节点9是终点。小括号外的数字代表路段标识，小括号内的第一个数值代表路段时间期望值，第二个数值代表路段时间方差。为讨论方便，网络节点用数字$1,2,\cdots 9$表示，而路段既可以用字母标号$a_k(k=1,2\cdots 12)$表示，又可以用节点符号(i,j)表示。例如路段1可表示为a_1或$(1,2)$。这里只考虑单一风险类型的交通用户情形，假设交通用户的出行时间可靠性要求$\alpha = 95\%$。

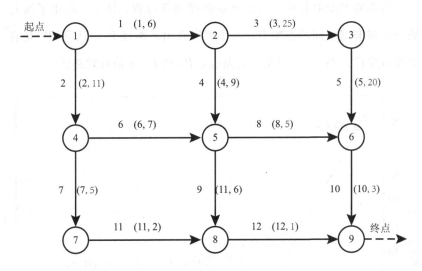

图 2-7 一个简单的格子网络

为验证 PASP 算法的有效性，表 2-2 列举出了连接 OD 对$(1,9)$的所有 6 条路径，其中前三列给出了路径的标识，后三列通过计算给出了路径时间期望值、方差和出行时间预算值。通过比较可知路径P_2的出行时间预算值最小，所以它就是所求的α-可靠性最短路径。

表 2-2 路径列举及出行时间预算

路径	包含节点	包含路段	期望值	方差	出行时间预算
P_1	1→2→3→6→9	$a_1\to a_3\to a_5\to a_{10}$	19	54	31.05
P_2	1→2→5→6→9	$a_1\to a_4\to a_8\to a_{10}$	23	23	30.87
P_3	1→2→5→8→9	$a_1\to a_4\to a_9\to a_{12}$	28	22	35.69

续　表

路径	包含节点	包含路段	期望值	方差	出行时间预算
P_4	1→4→5→6→9	a_2→a_6→a_8→a_{10}	26	26	34.36
P_5	1→4→5→8→9	a_2→a_6→a_9→a_{12}	31	25	39.20
P_6	1→4→7→8→9	a_2→a_7→a_{11}→a_{12}	32	19	39.15

为说明 PASP 算法中有效极点路径列举过程，图 2-8 画出了所有路径在双准则空间的投影点。从中可以看出，路径 P_1、P_2 和 P_6 是有效极点路径，路径 P_3 仅是有效路径，P_4 和 P_5 不是有效路径。

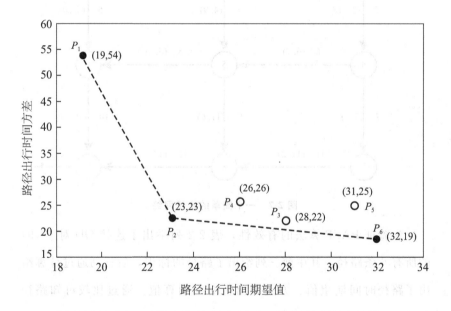

图 2-8　所有的有效极点路径

下面采用 PASP 算法给出有效极点路径列举过程。首先以路段时间期望值为权重，求解相应的最短路问题，得到期望值最短路 P_1，相应的最小时间期望值 $t_{min} = 19$。再以路段时间方差为权重，求解相应的方差最短路问题，得到最短路树 T_1，见图 2-9 中实线段所示。此时，从起点 1 到终点 9 的方差最短路为 P_6。令初始最优路径为 P_6，初始出行时间预算为 $t^* = +\infty$。令 $\overline{T}_1$ 表示除最短路树 T_1 外所有路段的集合，如图 2-9 中虚线段所示。利用公式（2.19）和（2.20）计算最短路树 T_1 中各个节点 j 的时间期望和方差对偶变量 (λ_j, μ_j)，计算结果见图 2-9 小括号内数值。再利用公式（2.21）计算 $\overline{T}_1$ 中各路段时间期望和方差的相对值 $[\bar{t}_k, \bar{v}_k]$，计算结果见图中虚线段旁边中括号内数值。

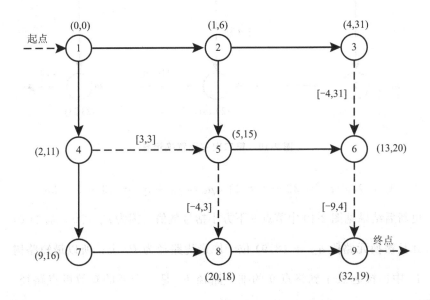

图 2-9　第一次主元置换运算

定义检验集合 $\Psi_1 = \{a_k \in \overline{T}_1 \mid \bar{t}_k < 0\} = \{a_5 = (3,6), a_9 = (5,8), a_{10} = (6,9)\}$，根据条件（2.22）在集合 Ψ_1 确定换元路段 $a_{10} = (6,9)$，进行主元置换运算如下：在最短路树 T_1 中去掉连接节点 9 的唯一路段 $a_{12} = (8,9)$，增加换元路段 $a_{10} = (6,9)$，形成新的最短路树 T_2，见图 2-10 中实线段所示。

若将换元路段 $a_{10} = (6,9)$ 在最短路树 T_2 中去掉，形成两个独立的子树 $T_2^{(1)}$ 和 $T_2^{(2)}$，其中子树 $T_2^{(1)}$ 包含节点 6，子树 $T_2^{(2)}$ 仅包含节点 9，按公式（2.23）更新子树 $T_2^{(2)}$ 中节点的时间期望和方差对偶变量：

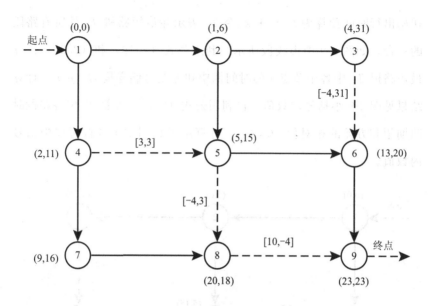

图 2-10　第二次主元置换运算

$$\lambda_9 = \lambda_9 + \bar{t}_{10} = 32 - 9 = 23 \ , \ \mu_9 = \mu_9 + \bar{v}_{10} = 19 + 4 = 23$$

更新后结果见图 2-10 中节点 9 下方小括号数值。因为 $\bar{t}_{10} < 0$, $\bar{v}_{10} > 0$,

并且被换元路段 $a_{12} = (8,9)$ 位于原最优路径为 P_6 上,所以最短路树

T_2 中连接起点 1 到终点 9 的唯一路径 P_2 是一个新的有效极点路径。

计算其出行时间预算值:

$$\bar{t}_2 = \lambda_9 + 1.64 \times \sqrt{\mu_9} = 23 + 1.64 \times \sqrt{23} \approx 30.87$$

因为 $\bar{t}_2 < t^* = +\infty$,则新的最优路径为 P_2,最优出行时间预算为 $t^* =$

30.87 。按照公式 (2.18) 定义终止判别函数:$h_1(x) = a_1 + 1.64$

$\sqrt{a_1 - b_1 x}$,其中:

$$b_1 = \frac{\bar{v}_{10}}{\bar{t}_{10}} = -\frac{4}{9} \ , \ a_1 = \mu_9 + b_1 \lambda_9 = 23 + \left(-\frac{4}{9}\right) \times 23 = \frac{115}{9}$$

则有

$$h_1(t_{\min}) = a_1 + 1.64\sqrt{a_1 - b_1 t_{\min}} = \frac{115}{9}$$

$$+1.64 \times \sqrt{\frac{115}{9} - \left(-\frac{4}{9}\right) \times 19} \approx 20.33$$

因为 $h_1(t_{\min}) = 20.33 < \bar{t}^* = 30.87$，根据定理 2.3，并不能判定有效极点路径 P_2 就是所求的 α-可靠性最短路。

令 $\overline{T}_2$ 表示除最短路树 T_2 外所有路段的集合，如图 2-10 中虚线段所示。利用公式（2.21）重新计算 $\overline{T}_2$ 中各路段时间期望和方差的相对值 $[\tilde{t}_a, \tilde{v}_a]$，见图 2-10 中虚线旁边中括号内数值。据此得到新的换元路段 $a_9 = (5,8)$，执行主元置换运算：删除最短路树 T_2 中连接节点 8 的唯一基路段 $a_{11} = (7,8)$，添加路段 $a_9 = (5,8)$，得到新的最短路树 T_3，见图 2-11 中实线段所示。

若将换元路段 $a_9 = (5,8)$ 在最短路树 T_3 中去掉，形成两个独立的子树 $T_3^{(1)}$ 和 $T_3^{(2)}$，其中子树 $T_3^{(1)}$ 包含节点 5，子树 $T_3^{(2)}$ 只包含节点 8，按公式（2.23）更新子树 $T_3^{(2)}$ 中节点的时间期望和方差对偶变量：

$$\lambda_8 = \lambda_8 + \tilde{t}_9 = 20 - 4 = 16，\mu_8 = \mu_8 + \tilde{v}_9 = 18 + 4 = 22$$

更新后的数值见图 2-11 中节点 8 下方小括号内数值。因为原最短路树 T_2 中被换出的路段 $a_{11} = (7,8)$ 不位于原最优路径 P_2 上，所以此次主元置换并未得到新的有效极点路径。

令 $\overline{T}_3$ 表示除最短路树 T_3 外所有路段的集合，如图 2-11 中虚线段所示。利用公式（2.21）重新计算 $\overline{T}_3$ 中各路段时间期望和方差的相对值 $[\tilde{t}_a, \tilde{v}_a]$，见图 2-11 中虚线旁边中括号内数值。据此得到新的换元路段 $a_5 = (3,6)$，执行主元置换运算：删除最短路树 T_3 中连接节点 6 的唯一路段 $a_8 = (5,6)$，添加路段 $a_5 = (3,6)$，得到新的最短路树 T_4，见图 2-12 中实线段所示。

若将换元路段 $a_5 = (3,6)$ 在最短路树 T_4 中去掉，形成两个独立的子树 $T_4^{(1)}$ 和 $T_4^{(2)}$，其中子树 $T_4^{(1)}$ 包含节点 3，子树 $T_3^{(2)}$ 包含节点 6，按公式（2.23）更新子树 $T_3^{(2)}$ 中节点 6 和 9 的出行时间期望和方差对偶变量：

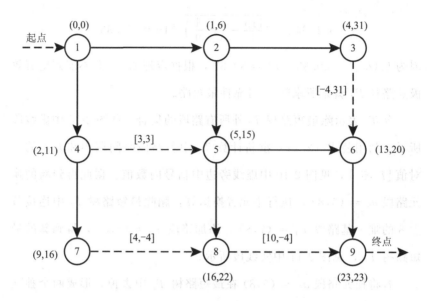

图 2-11　第三次主元置换运算

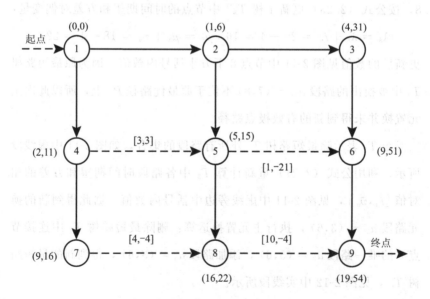

图 2-12　α-可靠性最短路径

$$\lambda_6 = \lambda_6 + \bar{t}_5 = 13 - 4 = 9 \, , \; \mu_6 = \mu_6 + \tilde{v}_5 = 20 + 31 = 51$$

$$\lambda_9 = \lambda_9 + \bar{t}_5 = 23 - 4 = 19 \, , \; \mu_9 = \mu_9 + \tilde{v}_5 = 23 + 31 = 54$$

更新结果见图 2-12 中节点 6、9 旁小括号内数值。因为 $t_5^- < 0$，$\bar{v}_5 > 0$，并且在原最短路树 T_3 中被换出的路段 $a_8 = (5,6)$ 位于最优路径为 P_2 上，所以在最短路树 T_4 中连接起点 1 到终点 9 的路径 P_1 是一个有效极点路径。计算其出行时间预算值：

$$\bar{t}_1 = \lambda_9 + 1.64 \times \sqrt{\mu_9} = 19 + 1.64 \times \sqrt{54} \approx 31.05$$

因为 $\bar{t}_1 > \bar{t}^* = 30.87$，则原最优路径 P2 保持不变。

令 $\overline{T}_4$ 表示除最短路树 T_4 外所有路段的集合，如图 2-12 中虚线段所示。利用公式（2.21）重新计算 $\overline{T}_4$ 中各路段时间期望和方差的相对值 $[\bar{t}_a, \bar{v}_a]$，见图 2-12 中括号内数值。此时，检验集合 $\Psi_1 = \{a_k \in \overline{T}_1 \mid \bar{t}_k < 0\} = \varnothing$，停止计算，最优路径 P_2 就是所求 α-可靠性最短路，对应的出行时间预算值为 $\bar{t}_2 = 30.87$。

对照图 2-8 中的有效极点可知，PASP 算法确实是按照路径时间期望值降序依次对有效极点路径 P_6，P_2 和 P_1 进行搜索的。从迭代过程还可以看出：并不是每次主元置换都会产生新的有效极点路径，只有主元置换改变当前的最优路径时，才有可能产生新的有效极点路径。例如，算例中第二次主元置换就没有产生新的有效极点路径。需要注意的是，本算例中经过第一次主元置换就已经得到了 α-可靠性最短路径 P_2，但迭代并未由此停止。这是因为定理 2.3 的终止检验条件并不是充要条件，而只是一个充分条件。

最后，将 PASP 算法有点总结如下。

第一，PASP 算法只需要知道路段时间的期望和方差即可。在实际路网中，路段时间分布函数很难测定，但路段时间期望值和方差却很容易通过交通流实测数据进行校正。因此 PASP 算法的原始数据更容易获取。

第二，在大型路网中，虽然非环路径个数是随着路网规模呈指数增长的，但是有效极点路径个数却是非常有限的。因此 PASP 算法计算效率更高，特别适用于大规模城市交通网络问题。

第三，模拟算法只能得到 α-可靠性最短路问题的近似解，而 PASP 算法可以得到该问题的精确解。因此，可将 PASP 算法作为交通配流问题的加载子程序，构造基于可靠性的均衡配流算法。

第四，PASP 算法并不需要存储路径，而只需存储路段。所以有效地节约了计算存储空间。

3 基于 α-可靠性的用户均衡配流模型与算法

上一章讨论了交通用户在随机路网中的择路行为及其最短路搜索算法，但并未考虑交通流量对路段时间及其波动性的影响。不同于电网、互联网等其他网络系统，交通网络中存在拥挤反馈效应，即：交通流量会影响路段和路径上的行驶时间，而路段和路径时间会影响交通用户的路径选择决策，反过来又会影响交通流量的分布。在交通配流问题中，最常用的路段时间函数包括 BPR 多项式函数、Davidson 渐近函数等。Boyce 等[①]对这些路段时间函数的优缺点进行了深入探讨，并从理论上比较分析了不同路段时间函数对交通配流结果的影响。本章主要考虑交通流量对路段时间及其波动性的影响，以 α-可靠性最短路搜索算法为加载子程序，构建基于 α-可靠性的均衡配流模型和算法。

基于可靠性的交通配流问题是交通科学领域的一个研究热点。许多学者都对此进行了深入的理论研究。例如，Lo 等[②]提出了基于出行时间预算的用户均衡（Travel Time Budget User Equilibrium，TT-

---

① BOYCE D E, JANSON B N, EASH R W. The effect on equilibrium trip assignment of different link congestion functions [J]. Transportation Research Part A, Vol. 15, 1981.

② LO H K, LUO X W, SIU B W Y. Degradable transport network: travel time budget of travelers with heterogeneous risk aversion [J]. Transportation Research Part B, Vol. 40, No. 9, 2006.

BUE）模型，Watling 等[1]提出了基于迟到惩罚的用户均衡配流模型、Lam 等[2]提出了基于有效出行时间的随机用户均衡配流模型。这些模型主要差异在于对出行时间及其波动性的度量标准，但都能很好地刻画不确定性路网中交通用户路径选择行为和网络均衡状态。特别是出行时间预算的概念，形象直观、表述清晰，非常适合基于可靠性的均衡配流问题的理论研究。但是这些研究也存在一些不足。一方面，大多数配流模型仅能保证解的存在性，却没有讨论解的唯一性问题，使得这些模型求解缺乏完备的理论基础；另一方面，由于可靠性配流问题中的路径时间度量都不具有可加性，导致模型的求解算法都是基于路径的，需要列举和存储路径。但路径个数是随路网规模成指数增长的，使得这些算法很难应用于大型交通网络。

本章重点是为基于可靠性的均衡配流模型构建一个更为高效的求解算法。首先，借助出行时间预算概念及 TTBUE 均衡原则，为 α-可靠性用户均衡配流问题构建了变分不等式模型。在适当假设条件下，模型存在唯一解。其次，以 α-可靠性最短搜索算法为加载子程序，利用相继平均算法对变分不等式模型进行求解。因为算法是以最短路搜索为基础，所以是基于路段的，可以有效避免算法中的路径列举难题。

3.1 基本符号与假设

用大写斜体字母代表随机变量，小写斜体字母代表确定性变量，向量的转置用上标 T 表示。随机路网标识为 $G(N,A)$，其中 N 为节

① WALTLING D. User equilibrium traffic network assignment with stochastic travel times and late arrival penalty [J]. European Journal of Operational Research, Vol. 175, 2006.

② LAM W H K, SHAO H, SUMALEE A. Modeling impacts of adverse weather conditions on a road network with uncertainties in demand and supply [J]. Transportation Research Part B, Vol. 42, 2008.

点集合，A 为路段集合，a 代表一个路段。令 R 和 S 分别代表起始节点和终讫节点的集合（$R \subseteq N$，$S \subseteq N$），r 和 s 分别代表一个起始节点和终讫节点。k 代表一条路径，P_{rs} 代表连接 OD 对 (r,s) 的所有非环路径的集合。$\delta_{a,k}^{rs}$ 代表路段-路径关联因子，当路段 a 位于连接 OD 对 (r,s) 的路径 k 上，$\delta_{a,k}^{rs}$ 取值为 1；否则为 0。所有关联因子 $\delta_{a,k}^{rs}$ 组成的矩阵为 $\Delta = (\delta_{a,k}^{rs})_{a \in A, k \in P_{rs}, r \in R, s \in S}$。

特别指出，随机路网中 OD 需求是不确定的，因此路段、路径流量也应该是随机变量。但这里用路段时间方差函数来表征路网的不确定性问题，而 OD 需求、路径流量和路段流量都是指期望值。令路段流量为 x_a，其向量形式为 $x = (x_a)_{a \in A}$。为表征路网的不确定性，设路段时间为随机变量 T_a，其向量形式为 $T = (T_a)_{a \in A}$，路段时间 T_a 的期望值和方差分别为 t_a 和 v_a。考虑到流量对路段时间的影响，令路段时间期望和方差函数分别为 $t_a(x)$ 和 $v_a(x)$，其向量形式为 $t(x) = [t_a(x)]_{a \in A}$ 和 $v(x) = [v_a(x)]_{a \in A}$。令路径 k 上的流量为 f_k^{rs}，其向量形式为 $f = (f_k^{rs})_{k \in P_{rs}, r \in R, s \in S}$，路径时间随机变量为 T_k^{rs}，其向量形式为 $T_P = \{T_k^{rs}\}_{k \in P_{rs}, r \in R, s \in S}$。

下面介绍随机路网中的 TTBUE 均衡原则。在随机路网中，由于网络本身的不确定性，即使是信息完全的交通用户也不可能预知出行时间的长短，因此在出行时都会预留出一定的时间来应对出行时间不确定性。基于此，Lo 等[①]学者提出了出行时间预算的概念：

出行时间预算＝出行时间期望值＋出行时间边界

其中出行时间边界（Travel Time Margin）是指交通用户为避免出行时间的不确定性而预留的额外时间，此概念也类似于 Hall 等[②]

---

① LO H K, LUO X W, SIU B W Y. Degradable transport network: travel time budget of travelers with heterogeneous risk aversion [J]. Transportation Research Part B, Vol. 40, No. 9, 2006.

② HALL R W. Travel outcome and performance: the effect of uncertainty on accessibility [J]. Transportation Research Part B, Vol. 17, No. 4, 1983.

提出的安全边界（Safety margin）的概念。出行时间预算的数学表达式为：

$$b_k^{rs} = \mathrm{E}(T_k^{rs}) + \lambda_a s_k^{rs} \qquad (3.1)$$

其中 b_k^{rs} 表示路径 k 的出行时间预算，$\mathrm{E}(T_k^{rs})$ 和 s_k^{rs} 分别表示路径时间 T_k^{rs} 的期望和标准差，λ_a 是交通用户风险规避水平参数。随机路网中的基于出行时间预算的用户均衡（TTBUE）条件如下：

定义 3.1 TTBUE 均衡条件。

所有交通用户都依据出行时间预算最小化的原则进行择路，当达到均衡状态时，同一 OD 对间所有被使用路径的出行时间预算都相等，且小于等于未被使用路径的出行时间预算。

若交通用户的风险规避水平参数 $\lambda_a = 0$，出行时间预算就是出行时间期望值，定义 3.1 就变为标准的用户均衡配流（UE）条件。因此 TTBUE 均衡条件可视为 UE 条件在随机路网中的扩展。

下面引入基于 α-可靠性的均衡配流问题：

定义 3.2 基于 α-可靠性的均衡配流问题。

在随机路网中，假设交通用户的出行时间可靠性要求为 α（风险规避水平参数 λ_a），则称满足相应 TTBUE 条件的均衡配流问题为基于 α-可靠性的均衡配流问题。

为建模方便，下面给出模型的基本假设：

假设 3.1 路段时间 T_a 的具体分布是未知的，但路段时间期望、方差与流量的函数关系 $t_a(x)$ 和 $v_a(x)$ 是已知的。

假设 3.2 路段时间 T_a 是相互独立的，并且分布函数形式相同。这是可靠性配流问题中经常使用的一个假设[①]。在此指出，随机路网中的路段时间实际上是相关的，并且还会影响均衡配流结果。

---

① LO H K，TUNG Y K. Network with degradable links：capacity analysis and design [J]. Transportation Research Part B，Vol. 37，No. 4，2003.

假设 3.3 路段时间期望函数 $t_a(\cdot)$ 是可分离的（Separable），并且关于路段流量是严格递增的连续函数，即：

$$\frac{\partial t_a}{\partial x_a} > 0 \ (\forall a \in A), \frac{\partial t_a}{\partial x_b} = 0 \ (a \neq b)。$$

假设 3.4 路段时间方差函数 $v_a(\cdot)$ 也是可分离的，并且关于路段流量是单调非减的连续函数，即：

$$\frac{\partial v_a}{\partial x_a} \geqslant 0 \ (\forall a \in A), \frac{\partial v_a}{\partial x_b} = 0 \ (a \neq b)$$

理论分析已经证明路段时间方差确实是路段流量的增函数[①]。但是两者的具体函数关系需要利用实测数据进行校正，这也是一个非常有意义的交通实证研究问题。

假设 3.5 交通用户依据出行时间预算最小化的原则进行择路，当达到均衡时，路网流量满足 TTBUE 条件。

3.2 基于 α-可靠性的用户均衡配流模型

3.2.1 变分不等式模型及其最优性条件

设 OD 需求为 $q = (q_{rs})_{r \in R, s \in S}$，则可行路径流量集合 Ω_f 为：

$$\Omega_f = \left\{ f = (f_k^{rs}) \mid \sum_{k \in P_{rs}} f_k^{rs} = q_{rs}, (r \in R, s \in S) \atop \text{且 } f_k^{rs} \geqslant 0, (k \in P_{rs}, r \in R, s \in S) \right\} \tag{3.2}$$

由路段-路径关联矩阵 Δ，路段流向量 x 可表示为：

$$x = \Delta f \tag{3.3}$$

---

① LAM W H K, SHAO H, SUMALEE A. Modeling impacts of adverse weather conditions on a road network with uncertainties in demand and supply [J]. Transportation Research Part B, Vol. 42, 2008.

因此，可行路段流量集合 Ω_x 为：

$$\Omega_x = \{x \mid x = \Delta f, f \in \Omega_f\}$$

据假设 3.3 和 3.4，令路段时间期望和方差函数分别表示为：

$$t_a = t_a(x_a), v_a = v_a(x_a), \forall a \in A$$

根据路段-路径关联关系，非环路径 k 的出行时间 T_k^{rs} 可表示为：

$$T_k^{rs} = \sum_{a \in A} \delta_{a,k}^{rs} T_a(x_a) \quad \forall k \in P_{rs}, \forall r \in R, \forall s \in S \quad (3.4)$$

其向量形式为：

$$T_P = \Delta^T T \quad\quad\quad\quad (3.5)$$

在实际路网中，每条路径都是由若干条路段组成，并且路段时间是独立同分布的（假设 3.2），因此公式（3.4）近似满足中心极限定理：无论路段时间 T_a 满足什么分布，路径时间 T_k^{rs} 都近似满足正态分布：

$$T_k^{rs} \sim N(t_k^{rs}, (s_k^{rs})^2)$$

且路径时间期望 t_k^{rs} 和方差 v_k^{rs} 分别为：

$$t_k^{rs}(x) = \sum_{a \in A} \delta_{a,k}^{rs} t_a(x_a), v_k^{rs}(x) = (s_k^{rs})^2 = \sum_{a \in A} \delta_{a,k}^{rs} v_a(x_a) \quad (3.6)$$

根据 2.2.1 讨论，当路径时间服从正态分布时，出行时间预算可表示为：

$$b_k^{rs}(x) = t_k^{rs}(x) + \lambda_a \sqrt{v_k^{rs}(x)}, \forall k \in P_{rs}, \forall r \in R, \forall s \in S$$

$$\quad\quad\quad\quad (3.7)$$

其中 λ_a 是交通用户的风险规避水平参数。将公式（3.6）带入（3.7）可得：

$$b_k^{rs}(x) = \sum_{a \in A} \delta_{a,k}^{rs} t_a(x_a) + \lambda_a \sqrt{\sum_{a \in A} \delta_{a,k}^{rs} v_a(x_a)},$$

$$\forall k \in P_{rs}, \forall r \in R, \forall s \in S \quad\quad (3.8)$$

令 $b(x)$ 表示由 $b_k^{rs}(x)$ 组成的向量。根据流量守恒关系（3.3），向量 $b(x)$ 也可以用路径流表示为 $b(f)$。

变分不等式（Variational Inequality，Ⅵ）是在交通配流问题中广泛使用的数学工具[①]。关于Ⅵ问题的基础理论，见本书附录。下面给出基于 α-可靠性的均衡配流问题的Ⅵ模型：求路径流量 $f^* \in \Omega_f$，使得：

$$b(f^*)^T(f-f^*) \geqslant 0, \ \forall f \in \Omega_f \qquad (3.9)$$

首先说明Ⅵ模型（3.9）满足 TTBUE 均衡条件。

定理 3.1 若路径流量 f^* 是Ⅵ问题（3.9）的解，则它必满足 TTBUE 均衡条件。

证明：设路径流 f^* 是Ⅵ问题（3.9）的解，则它必是线性规划问题：

$$\min b(f^*)^T f \qquad (3.10)$$
$$\text{s. t. } f \in \Omega_f$$

的解。根据线性规划对偶原理，令等式约束 $\sum_{k \in P_{rs}} f_k^{rs} = q_{rs}$ 的 Lagrange 乘子为 π_{rs}，问题（3.10）的对偶条件（分量形式）为：

$$f_k^{rs} \cdot (b_k^{rs} - \pi_{rs}) = 0, f_k^{rs} \geqslant 0, b_k^{rs} - \pi_{rs} \geqslant 0 \ \forall k \in P_{rs}, \forall r \in R, \forall s \in S$$

由此条件可知，若 $f_k^{rs} > 0$，则必有 $b_k^{rs} = \pi_{rs}$；若 $f_k^{rs} = 0$，则 $b_k^{rs} \geqslant \pi_{rs}$。这恰好说明当路径 k 上有流量时，其出行时间预算 b_k^{rs} 都等于 π_{rs}，若路径 k 上无流量，其出行时间预算值 b_k^{rs} 都大于等于 π_{rs}。因此路径流量解 f^* 满足 TTBUE 均衡条件。

3.2.2 解的存在唯一性讨论

下面详细讨论Ⅵ模型（3.9）的解的存在唯一性问题。首先给出该模型解的存在性定理：

定理 3.2 若路段时间期望和方差函数 $t_a(\cdot)$ 和 $v_a(\cdot)$ 是可行集

---

① PATRIKSSON M. The Traffic Assignment Problems：Models and Methods，Linkoping［D］. Sweden：Linkoping Institute of Technology，1994.

Ω_x 上的连续函数，则 Ⅵ 问题 （3.9） 至少存在一个解。

证明：这里采用路径流进行表述。首先，由于路径流 $0 \leqslant f_k^{rs} \leqslant q_{rs} (\forall k \in P_{rs}, \forall r \in R, \forall s \in S)$ 且集合 Ω_f 中只包含线性约束，所以 Ω_f 是一个有界闭凸集合。由已知条件，函数 $t_a(\cdot)$ 和 $v_a(\cdot)$ 在 Ω_x 上是连续的，根据连续函数性质：连续函数的加减或复合运算仍然是连续函数，所以公式 （3.8） 中出行时间预算 $b(x)$ 在集合 Ω_x 上是连续的，由路段-路径关联关系可知 $b(f)$ 在集合 Ω_f 上也是连续的。在集合 Ω_f 中定义映射 $h : f_k^{rs} \rightarrow h(f_k^{rs})$，其中 $h(f_k^{rs})$ 代表在 Ω_f 中距离 f_k^{rs} 唯一的最近点，显然它是连续函数。考虑映射：

$$H(f) = h[f + b(f)]$$

因为映射 $h(\cdot)$ 是连续的，而出行时间预算 $b(\cdot)$ 在 Ω_f 上也是连续的，所以复合映射 $H(\cdot)$ 在 Ω_f 上是连续的。根据 Brouwer 不动点定理[①]：必存在一点 f^*，使得 $H(f^*) = f^*$，即 f^* 必是 Ⅵ 问题（3.9） 的一个解。

下面讨论 Ⅵ 问题 （3.9） 的解的唯一性问题。为此有如下定理：

定理 3.3　若路段时间期望和方差函数满足假设 3.3 和 3.4，且交通用户属于风险中立或风险规避型 （$\lambda_a \geqslant 0$），则 Ⅵ 问题 （3.9） 的路段流量解是唯一的。

证明：根据假设 3.3，路段时间期望值函数 $t(\cdot)$ 在 Ω_x 上是严格单调递增的，即对 $\forall x, y \in \Omega_x$，必满足：

$$[t(x) - t(y)]^T (x - y) > 0$$

同理由假设 3.4 可知路段时间方差函数 $v(\cdot)$ 满足：

$$[v(x) - v(y)]^T (x - y) \geqslant 0 , \quad \forall x, y \in \Omega_x$$

根据定理 3.1，Ⅵ 问题 （3.9） 的解是存在的，无妨令 $f^*, g^* \in \Omega_f$ 是其

---

① 佩捷. 布劳维不动点定理——从一道前苏联数学奥林匹克试题谈起 [M]. 哈尔滨：哈尔滨工业大学出版社，2014.

中的两个路径流量解,它们对应的路段流量解分别为: $x^* = \Delta f^*$, $y^* = \Delta g^*$ 。下面用反证法证明本定理,假设路段流量解 $x^* \neq y^*$,据公式 (3.5),路径时间期望函数 t_P 可为表示为: $t_P(f) = \Delta^T t(\Delta f)$,其中向量函数 $t_P(\bullet) = [t_k^{rs}(\bullet)]_{k \in P_{rs}, r \in R, s \in S}$ 。由假设 3.3 及条件 $x \neq y$,可知:

$$[t_P(f^*) - t_P(g^*)]^T(f^* - g^*) = [\Delta^T t(\Delta f^*) - \Delta^T t(\Delta g^*)]^T(f^* - g^*)$$
$$= [t(\Delta f^*) - t(\Delta g^*)]^T \Delta(f^* - g^*)$$
$$= [t(x^*) - t(y^*)]^T(x^* - y^*) > 0 \tag{3.11}$$

同理,路径时间方差函数 $v_P(f) = \Delta^T v(\Delta f)$,其中: $v_p(\bullet) = [v_k^{rs}(\bullet)]_{k \in P_{rs}, r \in R, s \in S}$ 。由假设 3.4 可知:

$$[v_P(f^*) - v_P(g^*)]^T(f^* - g^*) = [\Delta^T v(\Delta f^*) - \Delta^T v(\Delta g^*)]^T$$
$$(f^* - g^*) = [v(\Delta f^*) - v(\Delta g^*)]^T \Delta(f^* - g^*)$$
$$= [v(x^*) - v(y^*)]^T(x^* - y^*) \geqslant 0 \tag{3.12}$$

因为函数 $f(x) = \sqrt{x}$ 在定义域上也是严格单调递增的,结合条件 (3.11) 和 (3.12),以及非负条件 $\lambda_\alpha \geqslant 0$ 可得:

$$[b(f^*) - b(g^*)]^T(f^* - g^*) = \{[t_P(f^*) + \lambda_\alpha \sqrt{v_P(f^*)}]$$
$$- [t_P(g^*) + \lambda_\alpha \sqrt{v_P(g^*)}]\}^T(f^* - g^*)$$
$$= [t_P(f^*) - t_P(g^*)]^T(f^* - g^*) + \lambda_\alpha[\sqrt{v_P(f^*)}$$
$$- \sqrt{v_P(g^*)}]^T(f^* - g^*) > 0 \tag{3.13}$$

考虑以下问题:

$$b(f^*)^T(f^* - g^*) = b(g^*)^T(f^* - g^*)$$
$$+ [b(f^*) - b(g^*)]^T(f^* - g^*)$$

因为 g^* 是 Ⅵ 问题(3.9)的路径流量解且 $f^* \in \Omega_f$,所以有: $b(g^*)^T(f^* - g^*) \geqslant 0$,结合条件(3.13)可知:

$$b(f^*)^T(f^* - g^*) > 0 \qquad (3.14)$$

另一方面，因为 f^* 也是 VI 问题(3.9) 的路径流量解且 $g^* \in \Omega_f$ ，则：

$$b(f^*)^T(f^* - g^*) = -[b(f^*)^T(g^* - f^*)] < 0 \qquad (3.15)$$

显然结论 （3.14） 和 （3.15） 是矛盾的，因此假设 $x^* \neq y^*$ 不成立，这说明 VI 问题 （3.9） 的路段流量解是唯一的。

3.2.3　不同风险类型的多用户情形

在 VI 模型 （3.9） 中，假设所有交通用户的风险规避水平 （λ_a） 都是相同的。但在现实路网中，由于风险偏好和出行目的的不同，交通用户的风险规避水平会存在差异。因此，考虑多类用户情形下的均衡配流模型更为合理。为此，可将 VI 模型 （3.9） 推广到多用户情形。

设路网中共有 K 类交通用户，第 i 类用户的风险规避水平为 λ_i 。令 OD 对 (r,s) 间的总需求为 q_{rs} ，第 i 类用户 OD 需求比例为 μ_{rs}^i 、路径流量为 $f_{k,i}^{rs}$ ，路段流量为 x_a^i ，它们的向量形式为：

$$q^i = (\mu_{rs}^i q_{rs})_{r \in R, s \in S}, \; f^i = (f_{k,i}^{rs})_{k \in P_{rs}, r \in R, s \in S}, \; i \in K, \; f = (f^i)_{i \in K}$$

此时路段流 x_a 可表示为：

$$x_a = \sum_{i \in K} \sum_{r,s,k} \delta_{a,k}^{rs} f_{k,i}^{rs}$$

其向量形式记为 $x = (x_a)_{a \in A}$ 。路段时间期望和方差分别为 $t(x) = [t_a(x)]_{a \in A}$ 和 $v(x) = [v_a(x)]_{a \in A}$ ，路径时间期望和方差分别为 $t_k^{rs}(x)$ 和 $v_k^{rs}(x)$ ，则不同风险类型交通用户的出行时间预算表达式为：

$$b_{k,i}^{rs}(x) = t_k^{rs}(x) + \lambda^i \sqrt{v_k^{rs}(x)}, \; \forall k \in P_{rs},$$

$$\forall r \in R, \forall s \in S, \forall i \in K$$

令第 i 类交通用户的出行时间预算向量为 $b^i(x) = [b_{k,i}^{rs}(x)]_{\forall k \in P_{rs}, \forall r \in R, \forall s \in S}$ ，用路径流表示为 $b^i(f)$ 。

下面引入多用户情形下的 TTBUE 均衡条件[①]：

定义 3.3 多用户 TTBUE 条件。

在随机路网中，各类用户总是依据自己出行时间预算最小化原则进行择路，当达到均衡时，在同一 OD 对间，所有被第 i 类交通用户使用的路径上他们的出行时间预算 $b_{k,i}^{rs}$ 都相等，且小于等于未被此类用户使用的路径上他们的出行时间预算。

下面建立多用户情形下 VI 模型如下：求 $f^* = (f^{i*})_{i \in K} \in \overline{\Omega}_f$，使得：

$$\sum_{i \in K} b^i (f^*)^T (f^i - f^{i*}) \geqslant 0, \ \forall f = (f^i)_{i \in K} \in \overline{\Omega}_f \quad (3.16)$$

其中可行路径流量集合 $\overline{\Omega}_f$ 为：

$$\overline{\Omega}_f = \left\{ f \ \left| \begin{array}{l} \sum_{k \in P_{rs}} f_{k,i}^{rs} = \mu_i^{rs} q_{rs} (r \in R, s \in S, i \in K) \\ \text{且 } f_{k,i}^{rs} \geqslant 0 (k \in P_{rs}, r \in R, s \in S, i \in K) \end{array} \right. \right\}$$

类似于上节讨论，可得如下定理：

定理 3.4 若路径流 $f^* = (f^{i*})_{i \in K}$ 是 VI 问题（3.16）的解，则它必满足定义（3.3）中的多用户 TTBUE 均衡原则。

证明：具体证明过程与定理 3.1 类似，在此从略。

类似地，还可以得到 VI 模型（3.16）解的存在唯一性定理。

定理 3.5 若路段时间期望和方差函数 $t_a(\cdot)$ 和 $v_a(\cdot)$ 是可行集 Ω_x 上的连续函数，则 VI 问题（3.16）至少存在一个解。

定理 3.6 若路段时间期望和方差函数满足假设 3.3 和 3.4，且交通用户属于风险中立或风险规避型（$\lambda_a \geqslant 0$），则 VI 问题（3.16）的路段流量解是唯一的。

以上两个定理的证明方法与定理 3.2 和 3.3 类似，在此省略。

[①] LO H K, LUO X W, SIU B W Y. Degradable transport network: travel time budget of travelers with heterogeneous risk aversion [J]. Transportation Research Part B, Vol. 40, No. 9, 2006.

3.3 基于路段的相继平均算法

交通配流算法大致可以分为两类：基于路段算法和基于路径算法。基于路段的算法只需存储网络中的路段信息，而基于路径的算法需要列举和存储路径。在早期研究中，受计算机计算速度和存储空间的限制，大多数学者更倾向于研究基于路段的算法。例如，在 Beckmann 给出求解用户均衡配流问题的数学规划模型 20 年后，LeBlanc 等学者构造了求解用户均衡配流问题的 Frank-Wolfe 算法，为求解基于 Logit 的随机用户均衡配流问题，Dial 和 Bell 分别提出了著名的 Dial 加载和 Bell 加载算法[①]，这些算法都是基于路段的，并且已成为交通科学领域的经典之作。近年来，基于路段算法研究成果较少，越来越多的学者们开始关注基于路径算法。其主要原因在于：第一，基于路段算法虽然计算效率很高，但构造此类算法是非常困难的，特别是在随机配流和动态配流等热点问题中，许多度量指标都是不可加的，这就为基于路段算法的研究带来很大的困难。第二，在某些实际交通问题（如车辆导驶系统）中，需要知道路径流、转向流等信息，这在基于路径的算法中是很容易实现的。第三，随着计算机技术的飞速发展，计算机的计算效率和存储空间得到极大提高，这也为基于路径的算法实现提供了有力保障。

在可靠性配流问题中，许多度量指标（如出行时间预算、有效出行时间和迟到惩罚等）都不具有可加性，这就为基于路段的算法构造带来很大困难，导致求解算法几乎都是基于路径的。基于路径的算法

---

① SHEFFI Y. Urban Transportation Network: Equilibrium Analysis with Mathematical Programming Methods [M]. New Jersey: Prentice-Hall, 1985.

虽然理论简单、易于编程实现，但却始终无法克服路径列举难题。不同于传统的用户均衡配流问题，可靠性均衡配流问题更多地应用于实时流量预测、车辆导驶系统等实时交通控制问题，这就使得算法的计算效率显得尤为关键。

下面以 α-可靠性最短路搜索算法为基础，利用相继平均法（Method of successive average，MSA）求解 Ⅵ 问题（3.9）。MSA 算法是交通配流问题中广泛使用的算法，其最大优点在于迭代过程中的迭代步长是预先给定的，不需要精确求解。其核心思想是通过不断调整已分配到各个路段上的交通流量而逐渐接近或达到均衡状态。对于 Ⅵ 问题（3.9），其基本思路如下：迭代过程中，根据上次迭代得到的路段流量计算各个路段时间的期望和方差，求解相应的 α-可靠性最短路问题，并将 OD 流量加载到此最短路上得到路段辅助流量，然后用上次迭代的路段流量和本次迭代的辅助流量进行加权平均得到新的路段流量。当满足预先指定的收敛准则时，迭代终止。下面给出求解 Ⅵ 问题（3.9）的具体步骤。

Ⅵ-MSA 算法：

步骤 1 初始化。令初始路段流量 $x^{(0)} = 0$，给定终止误差 ε，令迭代步 $n = 0$。

步骤 2 α-可靠性最短路搜索。根据路段流量 $x^{(n)}$ 计算路段时间的期望 $t^{(n)}$ 和方差 $v^{(n)}$，利用 PASP 算法求解各个 OD 对的 α-可靠性最短路径。

步骤 3 流量加载。将 OD 流量加载到步 2 中得到的 α-可靠性最短路径上，得到各个路段的辅助流量 $y^{(n)}$。

步骤 4 流量更新。利用加权平均法更新各个路段的流量：

$$x^{(n+1)} = (1-\omega)x^{(n)} + \omega y^{(n)}, 0 \leqslant \omega \leqslant 1$$

其中参数 ω 是加权因子。

步骤 5 判断收敛。若 $\dfrac{\parallel x^{(n+1)} - x^{(n)} \parallel}{\parallel x^{(n+1)} \parallel} < \varepsilon$，停止迭代，输出近似路段流量解 $x^{(n+1)}$；否则，令 $n = n+1$，转步骤 2。

在步骤 4 中，加权因子 ω 是预先给定的，可取为固定值，如 $\omega = 0.5$。也可以随迭代步改变，例如取 $\omega = 1/n$。数值试验表明：当取 $\omega = 1/n$ 时，既可以加速配流过程，又可使算法强制收敛。

在上述算法中，α-可靠性最短路搜索是整个算法的核心。可以采用上一章中提出的 PASP 算法进行搜索，所以 Ⅵ-MSA 算法是基于路段。此外，基于 PASP 算法的计算高效性，Ⅵ-MSA 算法非常适合大型路网问题。

3.4　数值算例

采用上章图 2-7 中的格子网络，路段时间期望采用 BPR 公式计算：

$$t_a(x_a) = t_a^0 [1 + 0.15\,(x_a/c_a)^4] \tag{3.17}$$

其中 t_a^0、c_a 分别代表路段的自由流时间和通行能力，x_a 是路段流量。假设路段时间方差是期望值的线性函数：

$$v_a(x_a) = v_a^0 + \beta_a t_a(x_a)$$

其中 v_a^0 代表路段时间方差函数的常数项，β_a 代表方差函数的系数。路段时间期望和方差函数中各个参数的输入数据见表 3-1。

表 3-1　路段时间期望与方差函数的输入参数

路段	自由流时间 t_a^0（min）	通行能力 c_a（pcu/h）*	方差常数 v_a^0	方差系数 β_a
1	3	3 000	6	0.1
2	3	3 000	11	0.2
3	2	1 500	25	0.3

续 表

路段	自由流时间 t_a^0 /min	通行能力 c_a /pcu·hr^{-1*}	方差常数 v_a^0	方差系数 β_a
4	3	1 500	9	0.2
5	5	1 500	20	0.3
6	4	1 500	7	0.2
7	4	1 500	5	0.1
8	4	1 500	5	0.1
9	5	1 500	6	0.1
10	5	3 000	3	0.1
11	6	1 500	2	0.1
12	8	3 000	1	0.1

*pcu/h 是通行能力或交通流量的单位"标准车单位/小时",各章算例都采用此单位。

令 OD 需求量 $q_{19} = 3 \times 10^3$ (pcu/h),交通用户的风险规避水平参数为 $\lambda_a = 1.64$,在 Ⅵ-MSA 算法中,权重因子取为 $\omega = 1/n$,终止误差为 $\varepsilon = 0.05$。

首先,对 Ⅵ-MSA 算法进行收敛性检验。图 3-1 给出了不同迭代步下的迭代误差结果,其中纵坐标是指前后两次迭代的相对误差 $\Delta\varepsilon = \dfrac{\parallel x^{(n+1)} - x^{(n)} \parallel}{\parallel x^{(n+1)} \parallel}$。从中可以看出,Ⅵ-MSA 算法的收敛速度是非常快的,当迭代到第 10 步时,已满足给定的收敛性要求($\Delta\varepsilon < \varepsilon = 0.05$)。表 3-2 给出了最后 6 次迭代中路段流量的分配结果。相应的最优出行时间预算 $b_{19} \approx 28.2$(min)。在图 3-1 中,迭代误差并不是随迭代步的增加而单调下降的,而是频繁地上下波动。这是 MSA 算法的固有特点,也是由于每次迭代时都采用给定步长导致的。从图中

还可以看出，开始迭代时，迭代误差下降的非常快。但是随着迭代的进行，迭代误差下降速度明显变慢。例如，若终止误差取为 $\varepsilon = 0.001$，大约需要 50 多次迭代才能满足此误差要求。这也是 MSA 算法的主要缺点。

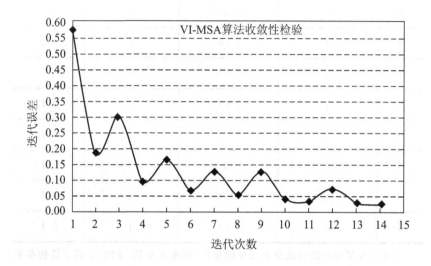

图 3-1 Ⅵ-MSA 算法收敛性检验

表 3-2 不同迭代步下 Ⅵ-MSA 算法配流结果 1000pcu/h

迭代次数 路段	9	10	11	12	13	14
1	2.392	2.447	2.493	2.532	2.565	2.594
2	0.608	0.553	0.507	0.468	0.435	0.406
3	0.602	0.548	0.503	0.695	0.646	0.603
4	1.790	1.899	1.990	1.837	1.920	1.991
5	0.602	0.548	0.503	0.695	0.646	0.603
6	0.608	0.553	0.507	0.468	0.435	0.406
7	0.000	0.000	0.000	0.000	0.000	0.000

续　表

迭代次数 路段	9	10	11	12	13	14
8	2.098	2.179	2.247	2.074	2.140	2.197
9	0.300	0.273	0.250	0.231	0.215	0.201
10	2.700	2.727	2.750	2.769	2.785	2.799
11	0.000	0.000	0.000	0.000	0.000	0.000
12	0.300	0.273	0.250	0.231	0.215	0.201

下面讨论交通用户的风险规避水平对配流结果的影响，为此，令方差公式中系数 $\beta_a = 0$，即考虑固定方差情形。由表 3-1 可以看出，路段 3 的时间可靠性最低，而路段 12 的时间可靠性最高。图 3-2 给出了交通用户在不同风险规避水平（λ_a）下这两条路段上流量的分配结果。

在图 3-2 中，当 $\lambda_a = 0$ 时，交通用户依据出行时间期望值进行择路，此时的路段流量解就是用户均衡（UE）配流结果。在此情形下，交通用户在路径选择时不考虑时间不确定性因素，因此大多数用户会选择出行时间期望较小的路径。图中数值结果充分反映了此结果：对于时间期望值较小的路段 3，尽管其时间变动较大，但仍有 50% 的 OD 流量经过此路段。相反的，路段 12 因为出行时间期望值太大而无人选择。随着交通用户风险规避水平的提高，他们在路径选择时会更加注重时间可靠性因素，因此会选择时间变动较小的路径出行。在图中，由于路段 3 的时间变动最大，导致其上的交通流量锐减。相反地，虽然路段 12 时间期望较大，但由于其变动性非常小，一些交通用户开始选择此路段，其交通流量明显增加。此例充分说明：交通用户的风险规避水平对随机路网中的均衡配流结果具有非常重要的影响。

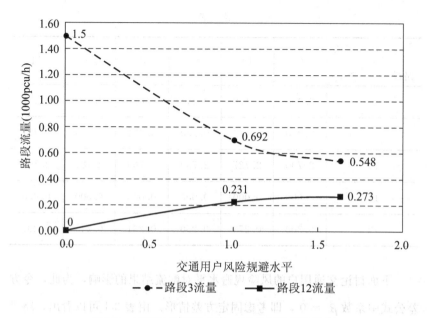

图3-2 不同风险规避水平 λ_a 下的路段配流结果

4 交叉口随机延误条件下用户路径选择行为建模

前面两章主要研究基于 α-可靠性的最短路搜索算法和配流模型，并未考虑交叉口随机延误、路段时间相关性和交通用户感知误差等问题，本章针对这些实际问题展开进一步讨论。

长期以来，在交通配流建模中始终伴随着对交叉口延误问题的讨论。为得到更为精细的均衡配流理论模型，许多学者都在用户均衡配流或随机用户均衡配流问题中详细考虑交叉口延误问题。但是大多数研究都将交叉口延误视为确定的。在现实路网中，由于交叉口交通流量的随机波动和红绿信号的随机干扰，交通用户在交叉口的排队等待时间必然是不确定的。近年来，在交通规划和交叉口设计中，随机延误问题受到越来越多的关注，学者们构造出各种解析或经验模型度量交叉口随机延误。例如，Fu 和 Hellinga[1] 利用解析的方法推导出信号灯交叉口整体延误的期望值和方差公式。Colyar 和 Rouphail[2] 从实证角度研究城市主干道上信号灯交叉口随机延误的概率分布特征。尽管对交叉口随机延误的研究已初见端倪，但在均衡配流问题考虑交叉口随机延误的研究成果还非常少。在上下班

---

① FU L P, HELLINGA B. Delay variability at signalized intersections [J]. Transportation Research Record, Vol. 1710, 2000.

② COLYAR J D, ROUPHAIL N M. Measured distributions of control delay on signalized arterials [J]. Transportation Research Record, Vol. 1852, 2003.

高峰期，交叉口随机延误是导致交通用户出行时间不确定性的主因。因此，在信号灯控制的随机路网中研究交通用户择路行为是非常有意义的。

为建模方便，许多可靠性配流模型都假设路段时间是相互独立的，并不考虑时间相关性对配流结果的影响。在随机路网中，受 OD 需求随机波动、路段能力随机退化和网络拓扑结构的影响，各个路段的行驶时间必然存在一定的相关性[①]。例如，前后相邻的同向路段的行驶时间可能是正相关的，无信号灯交叉口中两个相互冲突的进道口上的延误时间可能是负相关的。下面通过一个简单例子说明路段时间相关性对交通用户路径选择决策的影响。

4.1 一个出行时间相关性示例

考虑图 4-1 所示的简单路网，它包含两条路径 P_1、P_2 和三条路段 ab、ac 和 cb，小括号内数值代表路段时间的期望和方差（$0 < \mu < 1$，$0 < \sigma < 1$）。假设起点为 a，终点为 b。为简化计算，假设路段时间服从正态分布。令路径 P_1、P_2 出行时间为 T_1 和 T_2，则路径时间 T_1 的期望和方差为：

$$E(T_1) = 1, \ var(T_1) = 1$$

为计算路径 P_2 的出行时间期望和方差，分以下三种情形讨论：

第一，假设路段时间 T_{ac} 和 T_{cb} 是相互独立的（Independent）。则路径 P_2 的时间期望值和方差分别为：

$$E(T_2) = E(T_{ac}) + E(T_{cb}) = (1 - \mu) + \mu = 1$$

① KHAROUFEH J P，GAUTAM N. Deriving link travel-time distribution via stochastic speed processes [J]. Transportation Science，Vol. 38，2004.

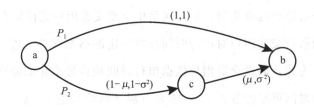

图 4-1 路段时间相关性示例

$$\mathrm{var}(T_2) = \mathrm{var}(T_{ac}) + \mathrm{var}(T_{cb}) = (1-\sigma^2) + \sigma^2 = 1$$

路径 P_1 和 P_2 的出行时间均服从正态分布，且期望和方差相同。因此，对于任何风险类型的交通用户，他们都会认为路径 P_1 和 P_2 是相同的。

第二，假设路段时间 T_{ac} 和 T_{cb} 是正相关的（Positive Correlated）。令相关系数为 ρ，则有 $0 < \rho \leqslant 1$。此时路径 P_2 的时间期望值和方差为：

$$\mathrm{E}(T_2) = \mathrm{E}(T_{ac}) + \mathrm{E}(T_{cb}) = (1-\mu) + \mu = 1$$

$$\mathrm{var}(T_2) = \mathrm{var}(T_{ac}) + \mathrm{var}(T_{cb}) + 2\mathrm{cov}(T_{ac}, T_{cb}) = 1 + 2\rho\sigma(1-\sigma) > 1$$

显然路径 P_2 的时间方差大于路径 P_1，在此情形下，风险规避型交通用户会选择路径 P_1，风险喜好型交通用户会选择路径 P_2，风险中立型交通用户认为路径 P_1 和 P_2 是相同的（路径 P_1 和 P_2 的时间期望值相等）。

第三，假设路段时间 T_{ac} 和 T_{cb} 是负相关的（Negative correlated）。则相关系数满足：$-1 \leqslant \rho < 0$。此时路径 P_2 的时间期望值仍然等于 1，但时间方差为：

$$\mathrm{var}(T_2) = \mathrm{var}(T_{ac}) + \mathrm{var}(T_{cb}) + 2\mathrm{cov}(T_{ac}, T_{cb}) = 1 + 2\rho\sigma(1-\sigma) < 1$$

显然路径 P_2 的时间方差小于路径 P_1。和情形（2）相反，风险规避型交通用户会选择路径 P_2，风险喜好型交通用户会选择路径 P_1，风险中立型交通用户仍然认为路径 P_1 和 P_2 是相同的。

以上分析说明：路段时间相关性会影响风险喜好型和风险规避型交通用户的路径选择决策，但对风险中立型交通用户无任何影响。

下面假设交通用户对出行时间存在一定的感知误差，进一步分析此问题。为此，假设交通用户依据出行时间预算最小化的原则进行择路，出行时间可靠性参数 $\alpha = 95\%$（属于风险规避型，$\lambda_\alpha = 1.64$），路段 cb 的时间标准差 $\sigma = 0.5$，交通用户的感知误差服从独立同的 Gumbel 分布，感知参数为 $\theta = 10$。根据多项式 Logit 模型[①]，路径 P_2 的选择比例 p_2 为：

$$p_2 = \frac{\exp\{-\theta[1+\lambda_\alpha \sqrt{1+2\rho\sigma(1-\sigma)}]\}}{\exp\{-\theta(1+\lambda_\alpha)\} + \exp\{-\theta[1+\lambda_\alpha \sqrt{1+2\rho\sigma(1-\sigma)}]\}}$$

将参数 λ_α、σ 和 θ 的数值带入上式，并对相关系数 ρ 从 $[-1,1]$ 依次取值，计算路径选择比例 p_2，结果如图 4-2 所示。

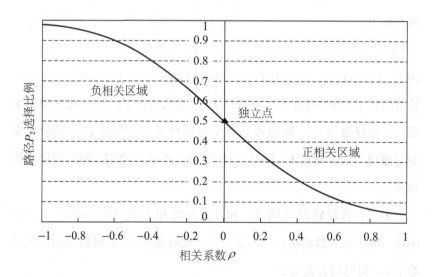

图 4-2 不同时间相关性对应的路径 P_2 的选择比例

① SHEFFI Y. Urban Transportation Network：Equilibrium Analysis with Mathematical Programming Methods [M]. New Jersey：Prentice-Hall，1985.

在图 4-2 中，根据相关系数 ρ 可将路径 P_2 的选择比例分为三个区域：正相关区域（$0<\rho\leqslant1$）、负相关区域（$-1\leqslant\rho<0$）和独立点（$\rho=0$）。在正相关区域，路径 P_2 的选择比例始终小于 50%，当路段 ac 和 cb 的时间完全正相关时（$\rho=1$），路径 P_2 的选择比例达到最小值。在负相关区域，路径 P_2 的选择比例始终大于 50%。当路段时间完全负相关时（$\rho=-1$），路径 P_2 的选择比例达到最大值。在独立点，路径 P_2 的选择比例等于 50%。这说明在随机用户均衡配流中路段时间相关性对交通用户的择路行为仍存在影响。

在此强调指出，在随机用户均衡配流问题中，Logit 加载会将过多的流量加载到含重叠路段的路径上。但那是由于交通用户感知误差的独立性假设引起的。而图 4-2 所示结果是由于路段时间的不同相关性导致的。两者在概念和意义上都是截然不同的。

4.2　基本符号与假设

考虑信号灯控制的交通网络 $G(N,I,A,T)$，其中 N 为节点集合，I 是信号灯交叉口集合（$I\subseteq N$），A 为路段集合，T 是信号灯交叉口转向（包括左转、右转和直行）集合。为叙述方便，用大写斜体字母代表随机变量，小写斜体字母代表确定性变量。

模型使用符号定义如下：

i：一个信号灯交叉口，$i\in I$

ab：信号灯交叉口上从路段 a 到路段 b 的一个转向，$ab\in T$

P_{rs}：连接 OD 对 (r,s) 的所有非环路径的集合

P：所有 OD 对间非环路径的集合，$P=\bigcup_{r\in R,s\in S}P_{rs}$

V_a：路段流随机变量，$a \in A$

v_a：路段流 V_a 的期望值，$v_a = \mathrm{E}(V_a)$

σ_a^v：路段流 V_a 的标准差，$\sigma_a^v = \sqrt{\mathrm{var}(V_a)}$

Y_{ab}^i：信号灯交叉口 i 上转向 ab 的转向流随机变量，$i \in I$，$ab \in T$

y_{ab}^i：转向流 Y_{ab}^i 的期望值，$y_{ab}^i = \mathrm{E}(Y_{ab}^i)$

$\sigma_{ab}^{i;y}$：转向流 Y_{ab}^i 的标准差，$\sigma_{ab}^{i;y} = \sqrt{\mathrm{var}(Y_{ab}^i)}$

F_k^{rs}：连接 OD 对 (r,s) 的非环路径 k 的路径流随机变量，$k \in P_{rs}$

f_k^{rs}：路径流 F_k^{rs} 的期望值，$f_k^{rs} = \mathrm{E}(F_k^{rs})$

σ_k^f：路径流 F_k^{rs} 的标准差，$\sigma_k^f = \sqrt{\mathrm{var}(F_k^{rs})}$

Q_{rs}：OD 对 (r,s) 的出行需求随机变量，$r \in R$，$s \in S$

q_{rs}：OD 需求 Q_{rs} 的期望值，$q_{rs} = \mathrm{E}(Q_{rs})$

σ_{rs}^q：OD 需求 Q_{rs} 的标准差，$\sigma_{rs}^q = \sqrt{\mathrm{var}(Q_{rs})}$

T_a：路段 a 的行驶时间随机变量，$a \in A$

t_a：路段时间 T_a 的期望值，$t_a = \mathrm{E}(T_a)$

σ_a^t：路段时间 T_a 的标准差，$\sigma_a^t = \sqrt{\mathrm{var}(T_a)}$

D_{ab}^i：信号灯交叉口 i 上转向 ab 的转向延误随机变量，$i \in I$，$ab \in T$

d_{ab}^i：交叉口转向延误 D_{ab}^i 的期望值，$d_{ab}^i = \mathrm{E}(D_{ab}^i)$

$\sigma_{ab}^{i;d}$：交叉口转向延误 D_{ab}^i 的标准差，$\sigma_{ab}^{i;d} = \sqrt{\mathrm{var}(D_{ab}^i)}$

T_k^{rs}：连接 OD 对 (r,s) 的非环路径 k 的出行时间随机变量，$k \in P_{rs}$

t_k^{rs}：路径时间 T_k^{rs} 的期望值，$t_k^{rs} = \mathrm{E}(T_k^{rs})$

σ_k^{t}：路径时间 T_k^{rs} 的标准差，$\sigma_k^{t} = \sqrt{\mathrm{var}(T_k^{rs})}$

C_a：路段 a 的通行能力随机变量，$a \in A$

$\bar{c}_a$：路段 a 的设计通行能力，$a \in A$

S_{ab}^i：信号灯交叉口 i 上转向 ab 的饱和流随机变量（Saturation Flow），$i \in I$，$ab \in T$

$\bar{s}_{ab}^i$：信号灯交叉口 i 上转向 ab 的设计饱和流量，$i \in I$，$ab \in T$

λ_{ab}^i：信号灯交叉口 i 上转向 ab 的绿信比（Green Split），$i \in I$，$ab \in T$

C：各个信号灯交叉口共同的信号灯循环时间（Signal Cycle Time）

s_k^{rs}：连接 OD 对 (r,s) 的非环路径 k 上的出行时间边界，$k \in P_{rs}$

t_k^{rs}：连接 OD 对 (r,s) 的非环路径 k 上的出行时间预算，$k \in P_{rs}$

$\delta_{a,k}^{rs}$：路段-路径关联因子，若路段 a 位于路径 k 上，$\delta_{a,k}^{rs} = 1$，否则 $\delta_{a,k}^{rs} = 0$

$\varphi_{ab,k}^{i,rs}$：转向-路径关联因子，若交叉口 i 上的转向 ab 位于路径 k 上，$\varphi_{ab,k}^{i,rs} = 1$，否则为 $\varphi_{ab,k}^{i,rs} = 0$

为建模方便，下面给出模型的基本假设：

假设 4.1　OD 出行需求 Q_{rs} 是相互独立、服从正态分布的随机变量。尽管正态分布假设存在可以取负值的缺点，但经过截尾（Truncation）处理，它仍广泛应用于随机 OD 需求分析问题[1]。此外，也可采用对数正态分布[2]（Lognormal Distribution）、二项式分布[3]（Binomial Distribution）或泊松分布[4]（Poisson Distribution）作为随机 OD 需求的分布函数。

假设 4.2　信号灯交叉口上各个转向的饱和流量 S_{ab}^i 是相互独立、

---

①　CHEN A，SUBPRASOM K，JI Z W. Mean-variance model for the build-operate-transfer scheme under demand uncertainty [J]. Transportation Research Record，Vol. 1857，2003.

②　ZHAO Y，KOCKELMAN K M. The propagation of uncertainty through travel demand models [J]. Annals of Regional Science，Vol. 36，No. 1，2002.

③　NAKAYAM S，TAKAYAMA J. Traffic network equilibrium model for uncertain demands [C]. Proceedings of the 82nd Annual Meeting of the Transportation Research Board，Washington D. C，2003.

④　CLARK S，WATLING D. Modeling network travel time reliability under stochastic demand [J]. Transportation Research Part B，Vol. 39，No. 2，2005.

服从均匀分布的随机变量。在交叉路口，许多因素都会导致设计的饱和流量发生变动，例如反常天气、交叉口事故、信号灯失灵、路口非法停车和路口转向限制等。采用均匀分布假设主要是为了简化模型的推导。要得到更为符合实际的饱和流量分布形式，应利用现场调查获得的实测数据进行校正。

假设 4.3 路段通行能力 C_a 是相互独立、服从均匀分布的随机变量。这是能力退化路网问题中的一个常用假设[①]。

假设 4.4 所有交通用户都依据出行时间预算最小化的原则进行择路，并对出行时间预算存在感知误差。

假设 4.5 交叉口转向延误函数是可分离的（Separable），即在交叉口的转向延误只取决于自己转向流的大小，而与同一交叉口的其他转向流无关。当在信号灯交叉口上，每个进道口都是专行道（Exclusive Lane）且有受保护的信号灯相位（Protective Signal Phase）时[②]，这一假设是合理的。

假设 4.6 交叉口信号灯控制策略是固定的，且不考虑交叉口之间的信号灯协同控制（Signal Coordination）问题。在交通配流问题中，信号灯控制策略可假设为固定的，也可以假设是流量相关的（Flow Responsive）[③]。由于模型主要考虑信号灯交叉口随机延误对交通用户择路行为的影响，为突出研究重点，并未考虑交通配流和信号灯控制的相互作用问题。

---

① SIU B W Y, LO H K. Doubly uncertain transportation network: degradable capacity and stochastic demand [J]. European Journal of Operational Research, Vol. 191, No. 1, 2008.

② Transportation Research Board, Highway Capacity Manual 2000 [D]. Washington: National Research Council, 2001.

③ SMITH M J. Traffic equilibrium with responsive traffic control [J]. Transportation Science, Vol. 27, No. 2, 1993.

4.3 基于 α-可靠性的随机用户均衡模型

考虑随机路网中的三种交通流量：路段流 V_a、转向流 Y_{ab}^i 和路径流 F_k^{rs}。它们应满足基本的流量守恒关系：

$$V_a = \sum_{r \in R, s \in S} \sum_{k \in P_{rs}} \delta_{a,k}^{rs} \cdot F_k^{rs} \qquad \forall a \in A \qquad (4.1)$$

$$Y_{ab}^i = \sum_{r \in R, s \in S} \sum_{k \in P_{rs}} \varphi_{ab,k}^{i,rs} \cdot F_k^{rs} \qquad \forall i \in I, \forall ab \in T \qquad (4.2)$$

公式（4.1）说明路段流量等于所有经过它的路径流量之和，公式（4.2）说明转向流量等于所有经过它的路径流量之和。路段和转向之间的流量守恒关系已经包含在公式（4.1）和（4.2）之中，因此不用再单独表达。

4.3.1 路径、路段和转向的流量分布

根据假设 4.1，令 OD 出行需求 Q_{rs} 的分布函数为：

$$Q_{rs} \sim \mathrm{N}\big[q_{rs}, (\sigma_{rs}^q)^2\big] \qquad \forall r \in R, \forall s \in S \qquad (4.3)$$

其中 q_{rs} 和 σ_{rs}^q 分别是 OD 需求 Q_{rs} 的期望和标准差。令 p_k^{rs} 表示交通用户对路径 k 的选择比例，则路径流 F_k^{rs} 可表示为：

$$F_k^{rs} = p_k^{rs} Q_{rs} \qquad \forall k \in P_{rs}, \forall r \in R, \forall s \in S \qquad (4.4)$$

显然，路径流 F_k^{rs} 也服从正态分布，期望值和方差分别为：

$$f_k^{rs} = \mathrm{E}(F_k^{rs}) = p_k^{rs} q_{rs}, \quad (\sigma_k^f)^2 = \mathrm{var}(F_k^{rs}) = (p_k^{rs} \sigma_{rs}^q)^2,$$

$$\forall k \in P_{rs}, \forall r \in R, \forall s \in S \qquad (4.5)$$

各个路径流量之间的协方差：

$$\mathrm{cov}(F_k^{rs}, F_l^{rs}) = p_k^{rs} p_l^{rs} (\sigma_{rs}^q)^2, \forall k,l \in P_{rs}, \forall r \in R, \forall s \in S$$

$$(4.6)$$

对上述公式需说明以下两点：

第一，路径选择比例 p_k^{rs} 是确定性变量，它是由交通用户的择路原则决定的。此外，在公式（4.3）～（4.6）的推导过程中，OD需求和路径流量的方差也是满足守恒关系的[①]。

第二，尽管假设OD需求变量 Q_{rs} 是相互独立的，但路径流量 F_k^{rs} 却是相关的。这是因为路径流和OD需求之间存在守恒关系：OD需求 Q_{rs} 等于连接OD对 (r,s) 的所有路径的流量之和。因此需要考虑路径流之间的协方差关系（4.6）。

根据概率论知识，正态随机变量的线性组合仍然是正态随机变量。因此由流量守恒公式（4.1）可知路段流 V_a 服从正态分布，它的期望值和协方差分别为：

$$v_a = \mathrm{E}(V_a) = \sum_{r \in R, s \in S} \sum_{k \in P_{rs}} \delta_{a,k}^{rs} p_k^{rs} q_{rs} \qquad \forall a \in A \quad (4.7)$$

$$\mathrm{cov}(V_a, V_b) = \mathrm{cov}\Big(\sum_{r \in R, s \in S} \sum_{k \in P_{rs}} \delta_{a,k}^{rs} F_k^{rs}, \sum_{r \in R, s \in S} \sum_{l \in P_{rs}} \delta_{b,l}^{rs} F_l^{rs} \Big)$$

$$= \sum_{r \in R, s \in S} \sum_{k,l \in P_{rs}} \delta_{a,k}^{rs} \delta_{b,l}^{rs} p_k^{rs} p_l^{rs} (\sigma_{rs}^q)^2 \quad \forall a,b \in A \quad (4.8)$$

在公式（4.8）中，令 $b = a$ 可得路段流 V_a 的方差公式。同理，由守恒关系（4.2）可知交叉口转向流 Y_{ab}^i 也服从正态分布，期望值和协方差分别为：

$$y_{ab}^i = \mathrm{E}(Y_{ab}^i) = \sum_{r \in R, s \in S} \sum_{k \in P_{rs}} \varphi_{ab,k}^{i,rs} p_k^{rs} q_{rs} \quad \forall i \in I, \forall ab \in T \qquad (4.9)$$

$$\mathrm{cov}(Y_{ab}^i, Y_{cd}^j) = \sum_{r \in R, s \in S} \sum_{k,l \in P_{rs}} \varphi_{ab,k}^{i,rs} \varphi_{cd,l}^{j,rs} p_k^{rs} p_l^{rs} (\sigma_{rs}^q)^2 \quad \forall i,j \in I,$$

$$\forall ab, cd \in T \qquad (4.10)$$

在公式（4.10）中，令 $cd = ab$ 可得交叉口转向流 Y_{ab}^i 的方差公式。令 F、V 和 Y 分别代表路径流 F_k^{rs}、路段流 V_a 和交叉口转向流 Y_{ab}^i 对应的

---

① LAM W H K, SHAO H, SUMALEE A. Modeling impacts of adverse weather conditions on a road network with uncertainties in demand and supply [J]. Transportation Research Part B, Vol. 42, 2008.

随机向量，则随机向量 F、V 和 Y 服从多维正态分布：

$$F \sim \mathrm{MVN}(f,\Sigma_P),V \sim \mathrm{MVN}(v,\Sigma_A),Y \sim \mathrm{MVN}(y,\Sigma_T)$$

$$(4.11)$$

其中，期望值向量和协方差矩阵分别为：

$$f = (f_k^{rs})_{r \in R,s \in S,k \in P_{rs}},v = (v_a)_{a \in A},y = (y_{ab}^i)_{i \in I,ab \in T} \qquad (4.12)$$

$$\sum{}_P = \big[\mathrm{cov}(F_k^{rs},F_l^{rs})\big]_{r \in R,s \in S,k,l \in P_{rs}},\sum{}_A = \big[\mathrm{cov}(V_a,V_b)\big]_{a,b \in A},\Sigma_T$$

$$= \big[\mathrm{cov}(Y_{ab}^i,Y_{cd}^j)\big]_{i,j \in I,ab,cd \in T} \qquad (4.13)$$

4.3.2　路段时间的期望和方差

采用 BPR 函数公式（3.17）来计算路段时间，其函数形式为：

$$T_a = t_a(V_a) = t_a^0\big[1 + \alpha\ (V_a/C_a)^n\big] \qquad (4.14)$$

其中符号 t_a^0、V_a 和 C_a 分别代表路段 a 的自由流（Free-flow）时间、路段流量和通行能力，符号 α 和 n 是预定参数。由上节讨论可知路段流量 V_a 服从正态分布。根据假设 4.3，设路段通行能力 C_a 服从均匀分布：

$$C_a \sim \mathrm{U}(\theta_a\bar{c}_a,\bar{c}_a) \qquad (4.15)$$

其中 $\bar{c}_a$ 代表路段 a 的设计通行能力，θ_a 代表路段 a 的通行能力退化参数（$0 \leqslant \theta_a < 1$）。一般情况下，路段通行能力退化和路段流量变动源于不同的因素，因此假设随机变量 C_a 和 V_a 是相互独立的，据此可以计算路段时间 T_a 的期望、方差和协方差：

$$\mathrm{E}(T_a) = t_a = t_a^0 + \alpha t_a^0 \mathrm{E}(V_a^n)\mathrm{E}\Big(\frac{1}{C_a^n}\Big) \qquad (4.16)$$

$$\mathrm{E}(T_a^2) = (t_a^0)^2 + 2\alpha\ (t_a^0)^2 \mathrm{E}(V_a^n)\mathrm{E}\Big(\frac{1}{C_a^n}\Big) + \alpha^2\ (t_a^0)^2 \mathrm{E}(V_a^{2n})\mathrm{E}\Big(\frac{1}{C_a^{2n}}\Big)$$

$$(4.17)$$

$$\mathrm{var}(T_a) = (\sigma_a^{t_a})^2 = \mathrm{E}(T_a^2) - t_a^2 \qquad (4.18)$$

$$\mathrm{cov}(T_a,T_b) = \mathrm{E}(T_a T_b) - \mathrm{E}(T_a)\mathrm{E}(T_b) \qquad (4.19)$$

针对随机变量 C_a 的分布函数（4.15），Lo 和 Tung[①] 给出了期望值 $E\left(\dfrac{1}{C_a^n}\right)$ 和 $E\left(\dfrac{1}{C_a^{2n}}\right)$ 的具体计算公式。此外，Clark 和 Watling[②] 提出利用高阶矩拟合方法计算 $E(V_a^n)$ 和 $E(V_a^{2n})$，此方法已被许多学者广泛采用，在此省略其具体推导过程。

4.3.3 交叉口随机延误的期望和方差

不同于路段时间函数，交叉口延误的计算公式非常复杂，它取决于多种因素：交叉口的几何形状、交通流量和信号灯控制策略等。美国的《Highway Capacity Manual》详细地给出了各种类型交叉口延误的计算方法。许多学者对此手册中的延误公式及其参数进行了大量的修正和改进[③]。最近，Dion 等[④]全面概述了五类交叉口延误模型：确定性排队模型、激波模型、稳态随机模型、时间相关的随机模型和宏观模拟模型。通过对这些模型的数值结果进行比较发现：在非饱和状态下，所有模型都能得到相似的计算结果，但接近饱和态时，各种模型计算结果存在显著差异。

在模型中，因为交叉口延误是随机变量，所以不必在计算公式中考虑随机延误问题。基于此，采用确定性排队模型计算交叉口延误是比较合理的。确定性排队模型包括两个延误项 d_1 和 d_2：

$$d = d_1 + d_2 \tag{4.20}$$

其中 d_1 代表非饱和状态下的均匀延误（Uniform Delay），d_2 代表过饱

① LO H K, TUNG Y K. Network with degradable links: capacity analysis and design [J]. Transportation Research Part B, Vol. 37, No. 4, 2003.

② CLARK S, WATLING D. Modeling network travel time reliability under stochastic demand [J]. Transportation Research Part B, Vol. 39, No. 2, 2005.

③ AKCELIK R, ROUPHIL N M. Estimation of delays at traffic signals for variable demand conditions [J]. Transportation Research Part B, Vol. 27, No. 2, 1993.

④ DION F, RAKHA H, KANG Y S. Comparison of delay estimates at under-saturated and over-saturated pre-timed signalized intersections [J]. Transportation Research Part B, Vol. 38, No. 2, 2004.

和状态下的随机延误（Stochastic Delay），具体表达式为：

$$d_1 = \frac{0.5C(1-\lambda)^2}{1 - \min(1,x) \cdot \lambda} \tag{4.21}$$

$$d_2 = 1\,800\bar{k}(x-1) \qquad x \geqslant 1 \tag{4.22}$$

其中 C 代表信号灯循环时间，λ 是绿信比，$\lambda = g/C$，g 代表有效绿灯时间，x 是饱和度，$x = v/c$，v 是交通流量，c 代表通行能力（$c = \lambda s$，s 是饱和流），$\bar{k}$ 是模型参数。

根据假设 4.5，转向延误 d 是可分离的，它是由自己的转向流确定的。此外，根据假设 4.6 可知信号灯控制策略是固定的，因此各个交叉口转向的绿灯时间也是固定的，可令 λ_{ab}^i 表示信号灯交叉口 i 中转向 ab 的绿信比。据公式（4.21）和（4.22），转向延误 D_{ab}^i 可表示为：

$$D_{ab}^i(X_{ab}^i) = \begin{cases} \dfrac{k_{ab}^{(1)}}{1 - \lambda_{ab}^i X_{ab}^i} & X_{ab}^i < 1 \\[3mm] k_{ab}^{(2)} + kX_{ab}^i & X_{ab}^i \geqslant 1 \end{cases} \qquad \forall i \in I, \forall ab \in T \tag{4.23}$$

其中常数 $k_{ab}^{(1)}$、$k_{ab}^{(2)}$ 和 k 分别为：

$$k_{ab}^{(1)} = 0.5C(1-\lambda_{ab}^i), k_{ab}^{(2)} = 0.5C(1-\lambda_{ab}^i) - 1\,800\bar{k}, k = 1\,800\bar{k} \tag{4.24}$$

饱和度 X_{ab}^i 为：

$$X_{ab}^i = Y_{ab}^i / C_{ab}^i \tag{4.25}$$

其中 C_{ab}^i 是转向通行能力（$C_{ab}^i = \lambda_{ab}^i S_{ab}^i$，$S_{ab}^i$ 是饱和流量）。

由上节讨论，转向流 Y_{ab}^i 服从正态分布，其概率密度函数为：

$$h_{ab}^i(y) = \frac{1}{\sqrt{2\pi}\sigma_{ab}^{i;y}}\exp\left(-\frac{(y - y_{ab}^i)^2}{2(\sigma_{ab}^{i;y})^2}\right) \tag{4.26}$$

据假设 4.2，转向 ab 的饱和流 S_{ab}^i 服从均匀分布，设分布函数为：

$$S_{ab}^i \sim U(\theta_{ab}\bar{s}_{ab}^i, \bar{s}_{ab}^i) \tag{4.27}$$

其中 $\bar{s}_{ab}^i$ 是设计饱和流量，θ_{ab} 代表退化参数（$0 \leqslant \theta_{ab} < 1$）。则饱和流 S_{ab}^i 的概率密度函数为：

$$g_{ab}^i(s) = \frac{1}{(1-\theta_{ab})\bar{s}_{ab}^i} \qquad s \in \left[\theta_{ab}\bar{s}_{ab}^i, \bar{s}_{ab}^i\right] \qquad (4.28)$$

在公式（4.25）中，饱和度 X_{ab}^i 是两个独立的随机变量的比率函数，根据 Curtiss 推导的比率分布公式[①]，可以得到饱和度 X_{ab}^i 的概率密度函数：

$$f_{ab}^i(x) = \frac{1}{\lambda_{ab}^i}\int_{\theta_{ab}\bar{s}_{ab}^i}^{\bar{s}_{ab}^i} z g_{ab}^i(z) h_{ab}^i(xz)\mathrm{d}z = \frac{1}{(1-\theta_{ab})\lambda_{ab}^i\bar{s}_{ab}^i}$$

$$\int_{\theta_{ab}\bar{s}_{ab}^i}^{\bar{s}_{ab}^i} \frac{z}{\sqrt{2\pi}\sigma_{ab}^{i;y}}\exp\left(-\frac{(zx-y_{ab}^i)^2}{2(\sigma_{ab}^{i;y})^2}\right)\mathrm{d}z \qquad (4.29)$$

做变量代换，令 $w = zx$ ，则上式变为：

$$f_{ab}^i(x) = \frac{1}{\sqrt{2\pi}(1-\theta_{ab})\sigma_{ab}^{i;y}x^2\lambda_{ab}^i\bar{s}_{ab}^i}\int_{x\theta_{ab}\bar{s}_{ab}^i}^{x\bar{s}_{ab}^i} w \cdot \exp\left(-\frac{(w-y_{ab}^i)^2}{2(\sigma_{ab}^{i;y})^2}\right)\mathrm{d}w$$

$$(4.30)$$

将积分项写成如下两项：

$$\int_{x\theta_{ab}\bar{s}_{ab}^i}^{x\bar{s}_{ab}^i} w \cdot \exp\left(-\frac{(w-y_{ab}^i)^2}{2(\sigma_{ab}^{i;y})^2}\right)\mathrm{d}w = f_{ab}^{(1)}(x) + f_{ab}^{(2)}(x)$$

$$= 2(\sigma_{ab}^{i;y})^2\int_{x\theta_{ab}\bar{s}_{ab}^i}^{x\bar{s}_{ab}^i} \frac{w-y_{ab}^i}{2(\sigma_{ab}^{i;y})^2}\exp\left(-\frac{(w-y_{ab}^i)^2}{2(\sigma_{ab}^{i;y})^2}\right)\mathrm{d}w + y_{ab}^i\int_{x\theta_{ab}\bar{s}_{ab}^i}^{x\bar{s}_{ab}^i}$$

$$\exp\left(-\frac{(w-y_{ab}^i)^2}{2(\sigma_{ab}^{i;y})^2}\right)\mathrm{d}w$$

第一项 $f_{ab}^{(1)}(x)$ 很容易利用积分方法求解：

$$f_{ab}^{(1)}(x) = (\sigma_{ab}^{i;y})^2\left[\exp\left(-\frac{x\theta_{ab}\bar{s}_{ab}^i - y_{ab}^i}{2(\sigma_{ab}^{i;y})^2}\right) - \exp\left(-\frac{x\bar{s}_{ab}^i - y_{ab}^i}{2(\sigma_{ab}^{i;y})^2}\right)\right]$$

$$(4.31)$$

利用 Taylor 级数展开方法，第二项 $f_{ab}^{(2)}(x)$ 可近似表示为：

---

① CURTISS J H. On the distribution of the quotient of two chance variables [J]. The Annals of Mathematical Statistics，Vol. 12，No. 4，1941.

$$f_{ab}^{(2)}(x) \approx \sqrt{2}\, y_{ab}^i \sigma_{ab}^{i;y} \sum_{n=0}^{N} \frac{(-1)^n \left[(x\bar{s}_{ab}^i - y_{ab}^i)^{2n+1} - (x\theta_{ab}\bar{s}_{ab}^i - y_{ab}^i)^{2n+1} \right]}{n!\,(2n+1)\,(\sqrt{2}\,\sigma_{ab}^{i;y})^{2n+1}}$$

$$(4.32)$$

其中 N 代表展开项个数（在精度要求不高的情况下，令 $N=2$ 即可）。将公式（4.31）和（4.32）带回（4.30），可以得到交叉口饱和度 X_{ab}^i 的概率密度 $f_{ab}(x)$ 的计算表达式：

$$f_{ab}^i(x) = \frac{1}{\sqrt{2\pi}\,(1-\theta_{ab})\,x^2 \lambda_{ab}^i \bar{s}_{ab}^i}$$

$$\left\{ \sigma_{ab}^{i;y} \left[\exp\left(-\frac{x\theta_{ab}\bar{s}_{ab}^i - y_{ab}^i}{2\,(\sigma_{ab}^{i;y})^2} \right) - \exp\left(-\frac{x\bar{s}_{ab}^i - y_{ab}^i}{2\,(\sigma_{ab}^{i;y})^2} \right) \right] \right.$$

$$\left. + \sqrt{2}\, y_{ab}^i \sum_{n=0}^{N} \frac{(-1)^n \left[(x\bar{s}_{ab}^i - y_{ab}^i)^{2n+1} - (x\theta_{ab}\bar{s}_{ab}^i - y_{ab}^i)^{2n+1} \right]}{n!\,(2n+1)\,(\sqrt{2}\,\sigma_{ab}^{i;y})^{2n+1}} \right\}$$

$$(4.33)$$

尽管正态随机变量 Y_{ab}^i 在理论上可以取负值，但此概率是非常小的，可以忽略不计。因此概率密度函数 $f_{ab}^i(x)$ 的定义域可近似取为 $(0, +\infty)$。根据期望和方差的定义，转向延误 D_{ab}^i 的期望、方差和协方差为：

$$d_{ab}^i = E(D_{ab}^i) = \int_0^1 \frac{k_{ab}^{(1)}}{1-\lambda_{ab}^i x} f_{ab}^i(x)\mathrm{d}x + \int_1^{+\infty} (k_{ab}^{(2)} + kx) \cdot f_{ab}^i(x)\mathrm{d}x$$

$$(4.34)$$

$$E\big[(D_{ab}^i)^2\big] = \int_0^1 \left(\frac{k_{ab}^{(1)}}{1-\lambda_{ab}^i x} \right)^2 f_{ab}^i(x)\mathrm{d}x + \int_1^{+\infty} (k_{ab}^{(2)} + kx)^2 \cdot f_{ab}^i(x)\mathrm{d}x$$

$$(4.35)$$

$$\mathrm{var}(D_{ab}^i) = (\sigma_{ab}^{i;d})^2 = E\big[(D_{ab}^i)^2\big] - (d_{ab}^i)^2 \qquad (4.36)$$

在此指出，公式（4.34）～（4.36）的推导依赖于均匀分布假设 4.2，若转向饱和流 S_{ab}^i 服从其他分布，理论推导和计算过程将变得更为复杂。

在信号灯控制的路网中，当一条道路上的交通流量变大时，其行驶时间会变长，同时还会导致下游路口的排队时间变长。为考虑这种时间相关性的影响，令 $\rho_{a,i}^{ab}$ 代表路段时间 T_a 与转向延误 D_{ab}^i 的相关系数，则它们的协方差可表示为：

$$\mathrm{cov}(T_a, D_{ab}^i) = \rho_{a,i}^{ab} \cdot \sqrt{\mathrm{var}(T_a)} \cdot \sqrt{\mathrm{var}(D_{ab}^i)} = \rho_{a,i}^{ab} \sigma_a^{t} \sigma_{ab}^{i,d},$$

$$\forall a \in A, \forall i \in I, \forall ab \in T \tag{4.37}$$

在实际交通网络中，路段时间 T_a 与转向延误 D_{ab}^i 可能是正相关的（ $\rho_{a,i}^{ab} > 0$ ）、负相关的（ $\rho_{a,i}^{ab} < 0$ ）或独立的（ $\rho_{a,i}^{ab} = 0$ ）。当路网处于非拥挤状态时，信号灯交叉口的排队较短，它对上游路段的影响可以忽略不计，此时路段时间和转向延误可近似认为是独立的。但在拥堵路网中，必须考虑它们的相关性问题。例如在一个信号灯交叉口，若某个进道口存在较多的左转或右转车辆时，一方面，过长的排队会导致进道口车辆的转向延误变大；另一方面，进道口的排队还会直接影响上游路段车辆的行驶时间。因此上游路段时间和此进道口的转向延误可能是正相关的。在现实路网中，路段时间和交叉口转向延误的相关性需要利用实测数据进行校正，这是一个非常有意义的实证研究课题。

4.3.4 路径时间随机变量的分布

根据路段-路径、转向-路径的关联关系，非环路径 k 的路径时间可表示为：

$$T_k^{rs} = \sum_{a \in A} \delta_{a,k}^{rs} \cdot T_a + \sum_{i \in I, ab \in T} \varphi_{ab,k}^{i,rs} \cdot D_{ab}^i \quad \forall k \in P_{rs}, \forall r \in R, \forall s \in S$$

$$\tag{4.38}$$

相应地，路径时间 T_k^{rs} 的期望、方差为：

$$t_k^{rs} = \mathrm{E}(T_k^{rs}) = \sum_{a \in A} \delta_{a,k}^{rs} \cdot t_a + \sum_{i \in I, ab \in T} \varphi_{ab,k}^{i,rs} \cdot d_{ab}^i \tag{4.39}$$

$$(\sigma_k^{t})^2 = \text{var}(T_k^{rs}) = \sum_{a \in A} \delta_{a,k}^{rs} \cdot (\sigma_a^{t})^2 + \sum_{i \in I, ab \in T} \varphi_{ab,k}^{i,rs} \cdot (\sigma_{ab}^{i,d})^2$$
$$+ \sum_{a \in A} \sum_{b \in A(b \neq a)} \delta_{a,k}^{rs} \delta_{b,k}^{rs} \text{cov}(T_a, T_b)$$
$$+ 2 \sum_{a \in A} \sum_{i \in I, ab \in T} \delta_{a,k}^{rs} \varphi_{ab,k}^{i,rs} \text{cov}(T_a, D_{ab}^i) \tag{4.40}$$

路径时间 T_k^{rs} 和 T_l^{rs} 的协方差为：

$$\text{cov}(T_k^{rs}, T_l^{rs}) = \sum_{a \in A} \sum_{b \in A} \delta_{a,k}^{rs} \delta_{b,l}^{rs} \text{cov}(T_a, T_b) + \sum_{i \in I, ab \in T} \varphi_{ab,k}^{i,rs} \varphi_{ab,l}^{i,rs} (\sigma_{ab}^{i,d})^2$$
$$+ \sum_{a \in A} \sum_{i \in I, ab \in T} (\delta_{a,k}^{rs} \varphi_{ab,l}^{i,rs} + \delta_{a,l}^{rs} \varphi_{ab,k}^{i,rs}) \text{cov}(T_a, D_{ab}^i) \tag{4.41}$$

需要指出，尽管路径时间 T_k^{rs} 的期望、方差和协方差可由公式 (4.39)～(4.41) 计算，但是它的具体分布却很难通过理论推导获得，这需要利用实测数据进行校正。为此，假设路径时间近似服从多维正态分布：

$$T_P \sim \text{MVN}(t_P, \Sigma_{t_P}) \tag{4.42}$$

其中，T_P 表示由路径时间 T_k^{rs} 组成的向量，t_P 表示由路径时间期望值 t_k^{rs} 组成的向量，Σ_{t_P} 代表路径时间的协方差矩阵，其对角元素是由路径时间方差 (4.40) 构成，非对角元素是由路径时间协方差 (4.41) 构成。据此假设，各个路径时间随机变量 T_k^{rs} 都服从单边正态分布：

$$T_k^{rs} \sim \text{N}[t_k^{rs}, (\sigma_k^{t})^2] \tag{4.43}$$

4.3.5　随机用户均衡配流模型

根据假设 4.4，交通用户依据出行时间预算最小化的原则进行择路。当路径时间服从正态分布时，路径出行时间预算具有非常简单的表达形式。在实际路网中，交通用户的风险偏好水平和出行目的不同导致出行时间预算也不相同，因此考虑不同风险偏好交通用户的择路行为问题更符合实际。为突出重点，只考虑单一风险偏好的交通用户。假设交通用户的出行时间可靠性为 α，对应的风险规避水平参数为 λ_a。则交通用户在路径 k 上的出行时间预算 t_k^{rs} 可表示为：

$$t_k^{rs} = t_k^{rs} + \lambda_a \sigma_k^{t} \qquad (4.44)$$

其中附加项 $\lambda_a \sigma_k^{t}$ 称为出行时间边界或安全边界。

考虑到交通用户的信息不完全性，他们对各个路径的出行时间预算会存在一定的感知误差。假设路径出行时间预算 t_k^{rs} 还包括一个误差项 ε_k，定义感知出行时间预算（Peceiptive travel time budget）：

$$\hat{t}_k^{rs} = \theta \cdot t_k^{rs} + \varepsilon_k \qquad (4.45)$$

其中 θ 代表感知误差参数，ε_k 代表感知误差随机变量。假设感知误差 ε_k 是相互独立的，且满足 Gumbel 分布[①]，可以得到 Logit 类型的 α-可靠性随机用户均衡条件（简称 RSUE 条件）：

$$f_k^{rs} = q_{rs} \cdot p_k^{rs} \qquad \forall k \in P_{rs}, \ \forall r \in R, \ \forall s \in S \qquad (4.46)$$

$$p_k^{rs} = \frac{\exp(-\theta t_k^{rs})}{\sum_{l \in P_{rs}} \exp(-\theta t_l^{rs})} \qquad \forall k \in P_{rs}, \ \forall r \in R, \ \forall s \in S \qquad (4.47)$$

其中 p_k^{rs} 代表交通用户对路径 k 的选择比例。令 q 代表 OD 需求期望值 q_{rs} 构成的向量，则 RSUE 条件等价于不动点问题：

$$f = p(f)q \qquad (4.48)$$

其中 $p(f)$ 代表由路径选择比例（4.47）构成的向量值函数。

下面讨论不动点问题（4.48）解的存在性问题，为此有如下定理：

定理 4.1 不动点问题（4.48）至少存在一个解。

证明：因为 OD 需求期望值 q_{rs} 是固定的，因此有 $0 \leqslant f_k^{rs} \leqslant q_{rs}$。令可行路径流 f 向量集合为：

---

① SHEFFI Y. Urban Transportation Network：Equilibrium Analysis with Mathematical Programming Methods [M]. New Jersey：Prentice-Hall，1985.

$$\Omega_f = \{ f_k^{rs} \mid 0 \leqslant f_k^{rs} \leqslant q_{rs}, \ \forall \, k \in P_{rs}, \ \forall \, r \in R, \ \forall \, s \in S \}.$$

显然，Ω_f 是一个有界闭凸集合，又因为向量函数 $p(f)$ 在集合 Ω_f 上是连续的，根据 Brouwer 不动点定理，问题（4.48）至少存在一个解。

4.4　启发式算法

交通配流问题的求解算法大致可以分为两类：基于路段算法和基于路径算法。求解用户均衡配流问题的 Frank-Wolfe 算法、求解随机用户均衡配流问题的 Dial 或 Bell 加载算法以及第 3 章构造的算法都属于基于路段算法，但大多数算法都属于基于路径算法。在随机用户均衡配流问题中，基于路段算法计算效率较高，但在处理含重叠路段的路径流量分配等方面存在一些不足。基于路径算法原理简单，但需要路径列举，计算效率较低。

针对 RSUE 模型（4.46）～（4.47），采用基于路径算法求解是较为合理的。首先，RSUE 模型明确考虑了交叉口转向问题，转向流量、转向延误等在基于路径算法中很容易计算，但基于路段算法却很难提供转向信息。其次，由于出行时间预算（4.44）不具有可加性，因此很难构造基于路段算法求解不可加度量的随机用户均衡配流问题。为此，采用基于路径的相继平均算法求解 RSUE 模型。在此算法中，为避免列举全部路径，可将每个 OD 对间的有效路径限定在 6～8 条，这些有效路径可以通过实际的出行调查确定。MSA 算法具体步骤见图 4-3。

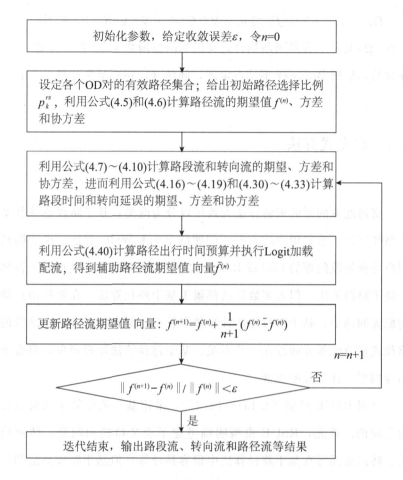

图 4-3　求解 RSUE 模型的 MSA 算法

4.5　数值算例

为说明 RSUE 模型与算法的有效性，考虑图 4-4 所示的简单网络，它包含 7 个节点、10 条路段和 1 个 OD 对。节点 1 是起始节点，节点 7 是终讫节点，其余 5 个节点都是信号灯交叉口。在图 4-4 中，小括号内数值代表各个路段的自由流时间（单位：min）和设计通行能力（单位：pcu/h）。采用 BPR 公式（4.14）来计算路段时间，公式中参数取值分别为 $\alpha = 0.15$ 和 $n = 4$。假设所有路段的通行能力退化参数都相同：$\theta_a = 0.9$。

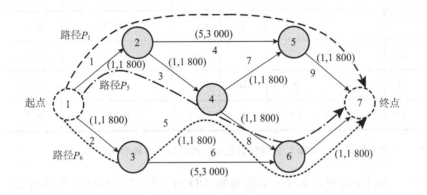

图 4-4 RSUE 模型测试网络

在信号灯交叉口标号 2-6 中，总共有 12 个交叉口转向，各个转向的标识及输入参数见表 4-1。表中第 1～4 列表示各个转向的标识方法，第 5 和第 6 列表示各个转向的绿信比和设计饱和流量，最后一列给出了各个转向的饱和流退化参数 θ_{ab}。此算例采用的是"右侧通行"交通规则，所以在信号灯设置时交叉口左转的绿信比最小。

表 4-1 交叉口转向表示及其输入参数

转向	起始路段	到达路段	方向*	绿信比	设计饱和流/pcu·h⁻¹	退化参数
1	1	3	R	0.5	3 000	0.5
2	1	4	T	0.5	3 000	0.5
3	2	5	L	0.4	3 000	0.5
4	2	6	T	0.5	3 000	0.5
5	3	7	L	0.4	1 200	0.5
6	3	8	T	0.5	1 200	0.5
7	5	7	T	0.5	1 200	0.5

续　表

转向	起始路段	到达路段	方向*	绿信比	设计饱和流/pcu·h⁻¹	退化参数
8	5	8	R	0.5	1 200	0.5
9	4	9	T	0.5	3 000	0.5
10	6	10	T	0.5	3 000	0.5
11	7	9	R	0.5	3 000	0.5
12	8	10	L	0.4	3 000	0.5

*方向标识 T、R 和 L 分别代表交叉口的直行、右转和左转。

　　为讨论方便，表 4-2 给出连接 OD 对（1，7）的所有非环路径。其中第 1 列是路径标识，第 2～3 列代表路径所经过的路段和转向集合，最后 4 列分别代表每条路径所经过的交叉口以及交叉口直行、右转和左转的个数。从表 4-2 和图 4-4 可以看出，路径 P_1、P_5 和 P_6 是最具代表性的，以下讨论就选用这三条路径进行分析。

表 4-2　OD 对（1，7）间所有非环路径

路径	路段	转向	交叉口个数	直行个数	右转个数	左转个数
P_1	1,4,9	2,9	2	2	0	0
P_2	2,6,10	4,10	2	2	0	0
P_3	1,3,7,9	1,5,11	3	0	2	1
P_4	2,5,7,9	3,7,11	3	1	1	1
P_5	1,3,8,10	1,6,12	3	1	1	1
P_6	2,5,8,10	3,8,12	3	0	1	2

　　首先令出行需求期望值 $q = 3\ 500$（pcu/h），假设出行需求的标准差 σ 是期望值 q 的线性函数：

$$\sigma = 0.5q \tag{4.49}$$

RSUE 模型中的其他参数设置如下：公式（4.48）参数 $\alpha = 95\%$，公式（4.24）中参数 $C = 120(\mathrm{sec})$、$\bar{k} = 0.25(\mathrm{h})$，公式（4.49）中感知误差参数 $\theta = 2$，图 4-3 中算法终止误差 $\varepsilon = 0.001$。

4.5.1　时间相关性对配流结果影响分析

首先来分析路段和交叉口时间相关性对 RSUE 模型配流结果的影响。不失一般性，假设公式（4.37）中各个路段时间与交叉口转向延误的相关系数 $\rho_{a a, i}^{ab}$ 都相同，记为 ρ。表 4-3 给出了不同相关系数 ρ 下路径 P_1 和 P_5 的安全边界值和路径流结果。从表中可以看出，若路段时间和交叉口转向延误是负相关的（$\rho < 0$），交通用户所需要的安全边界值较小。若二者是正相关的（$\rho > 0$），所需要的安全边界值较大。特别地，当二者完全正相关时（$\rho = 1$），两条路径上的安全边界都达到最大值。因此忽略时间相关性会低估或高估交通用户的出行时间预算。

在表 4-3 中，随着路段时间和交叉口延误相关性的增加，路径 P_1 的平均流量增加，但路径 P_5 的平均流量降低。当二者完全正相关时（$\rho = 1$），路径 P_1 的平均流量增加约 13%，二路径 P_5 的平均流量约降低 8%。这说明路段时间和交叉口延误的相关性对均衡配流结果具有显著的影响。忽略时间相关性会高估交叉口较多的路径上的交通流量。在以下分析中，相关系数 ρ 都取为 0.5。

表 4-3　交通用户的安全边界和路径流量

相关系数 ρ	安全边界/min		路径流量/pcu·h^{-1}	
	路径 P_1	路径 P_5	路径 P_1	路径 P_5
−1.0	2.51	3.98	544.12	625.12
−0.5	4.03	6.11	612.35	597.24

续　表

相关系数 ρ	安全边界/min		路径流量/pcu·h⁻¹	
	路径 P_1	路径 P_5	路径 P_1	路径 P_5
0.00	6.25	8.53	698.43	554.82
0.25	8.18	11.21	748.13	531.37
0.50	9.76	13.29	772.62	518.97
0.75	11.13	14.90	786.43	512.10
1.00	12.38	16.09	793.61	508.87

4.5.2　路径选择行为分析

由图 4-4 可以看出，若交通用户选择路径 P_1，虽然平均出行时间会很长，但在交叉口转向延误的变动较小。相反地，若交通用户选择路径 P_5 或 P_6，花费的平均时间较短，但在交叉口的转向延误的变动性较大。为分析不同风险类型交通用户的择路行为，图 4-5 给出了各种出行时间可靠性要求（参数 α）下的路径流量分配结果。

可以看出，当出行时间可靠性要求等于 50% 时，交通用户将依据出行时间期望值进行择路，这就是随机用户均衡配流（SUE）结果。此时，由于没有考虑交叉口延误的变动性问题，更多的交通用户会选择平均出行时间最短的路径 P_5。但是，随着出行时间可靠性要求的提高，交通用户在路径选择时开始注重交叉口延误的不确定性。为规避出行风险、降低出行时间不确定性，交通用户更喜欢选择交叉口个数较少的路径 P_1。因此图 4-5 中路径 P_1 的流量平均值逐渐增加，路径 P_5 和 P_6 的流量平均值逐渐减小。

从图 4-5 还可以看出，无论交通用户的风险规避水平如何，路径 P_1 和 P_5 的平均流量总是大于路径 P_6。这一结果是符合现实的。

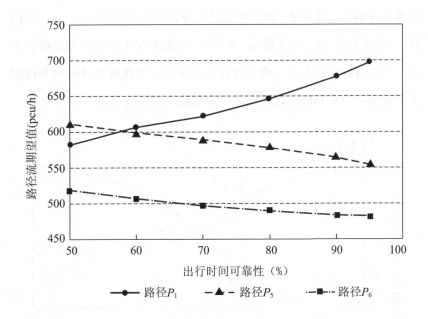

图 4-5 不同出行时间可靠性要求下的路径流量分配结果

因为在所有路径中，路径 P_6 包含的交叉口和交叉口左转个数最多，这导致路径 P_6 的出行时间变动最大。为降低出行风险，交通用户更倾向于选择交叉口和交叉口左转个数较少的路径 P_1 和 P_5 出行。在以下分析中，出行时间可靠性参数 α 取为 95%（交通用户都是风险规避型）。

4.5.3 路网拥挤水平对流量分布影响分析

设基本 OD 需求期望值 $q = 2\,500$（pcu/h），令 μ 代表它的乘子（Multiplier）。考虑三类拥堵水平的路网：畅通状态（$\mu = 0.5$）、轻度拥堵状态（$\mu = 1.0$）和高度拥堵状态（$\mu = 2.0$）。图 4-6 给出了不同拥堵状态下路径平均流量的百分比。在畅通状态下，路径 P_1 上无交通流量，路径 P_5 的平均流量百分比为 27.5%。这一结果是可以理解的，因为在畅通状态下交通用户总是选择时间或距离最短的路径出行。在高度拥挤状态下，交通流量的分布发生明显变化。例如，与畅通状态相比，路径 P_1 的平均流量百分比从 0 增加到 25.9％，而路径 P_5 的流量从 27.5％下降为 12.7％。其原因在于：在高度拥挤状态下，交叉口延误的大小与变动性都大大增加，为规避这种时间不确定性，交通用户更倾向于选择交叉口个数较少的路径出行。

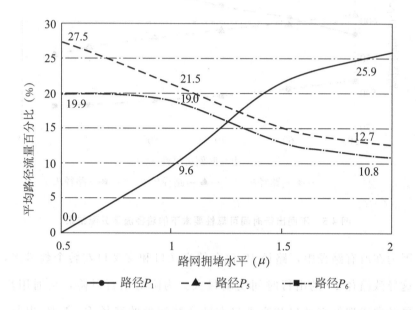

图 4-6 不同拥挤状态下路径平均流量百分比

4.5.4 算法收敛性检验

由于 MSA 算法属于启发式算法，为验证算法和计算结果的有效性，图 4-7 给出了不同迭代步下的收敛性结果。图中横坐标代表 MSA 算法的迭代次数，纵坐标代表相邻两次迭代得到的路径流的相对误差。从中可以看出，开始迭代时，MSA 算法的收敛速度是非常快的，但是，随着迭代的进行，收敛速度开始变慢，大约经过 50 次迭代，收敛精度可以达到 0.001。这说明 MSA 算法确实可以收敛到 RSUE 模型的稳定解。

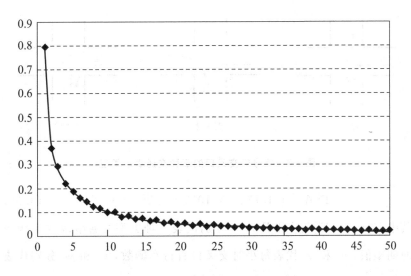

图 4-7　MSA 算法的收敛性检验

4.5.5　RSUE 模型在交叉口事故问题中的应用

为进一步说明 RSUE 模型的具体应用，考虑信号灯最优控制与交叉口事故综合问题。因为 RSUE 模型中考虑了交叉口转向流的大小，所以可以利用此信息计算交叉口事故发生的频率。依据交叉口车辆的左转、右转和直行，Hauer 等[①]给出了 15 种类型的交叉口交通事故的经验公式。这些经验公式已被广泛采用。在此只考虑最主要的三种类型的交叉口事故，如图 4-8 所示。它们占信号灯交叉口交通事故总数的 80% 以上。这三类事故发生频率的计算公式分别为：

$$E[A_T] = 0.306\ 6 \times 10^{-6} \times y_1 + 8.129\ 6 \times 10^{-6} \times y_2^{0.366\ 2}$$

$$\tag{4.50}$$

$$E[A_L] = 0.041\ 8 \times 10^{-6} \times y_2 \times y_L^{0.463\ 4} \tag{4.51}$$

---

① HAUER E，NG J C N，LOVELL J. Estimation of safety at signalized intersections ［J］. Transportation Research Record，Vol. 1185，1998.

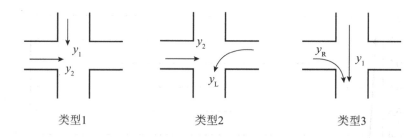

类型1　　　　　　类型2　　　　　　类型3

图 4-8　信号灯交叉口的三种交通事故类型

$$E[A_R] = 1.774\ 1 \times 10^{-9} \times y_1^{1.112\ 1} \times y_R^{0.546\ 7} \qquad (4.52)$$

其中 $E[A_T]$，$E[A_L]$ 和 $E[A_R]$ 分别代表三种类型交通事故发生频率的期望值，y_1 和 y_2 代表每小时交叉口直行车辆数，y_L 和 y_R 分别代表每小时交叉口左转和右转车辆数。由于 RSUE 模型用变量 y_{ab}^i 表示信号灯交叉口的转向流，所以交叉口交通事故发生频率的期望值可由公式（4.50）～（4.52）直接计算。图 4-9 给出了不同信号灯循环时间下交叉口总事故频率和系统总出行时间预算值。

图 4-9 中横轴代表交叉口信号灯循环时间，实线图代表系统总出行时间预算，虚线图代表交叉口交通事故总频率。当 OD 出行需求期望值为 4 000（pcu/h）时，为使交叉口总事故频率极小化，最优的信号灯循环时间应设置为 60s。但是为保证系统总出行时间预算最小，最优的信号灯循环时间应为 110s。这说明在信号灯最优控制问题中，交叉口事故最小化和总出行时间预算最小化这两个系统目标是相互冲突的。当 OD 需求期望值为 4 200（pcu/h）时，也能得到类似的结果。因此，可以发现一个非常有趣的问题：在城市交通网络中，如何进行信号灯最优设置以满足交叉口事故最小化和总出行时间预算最小化的系统目标。

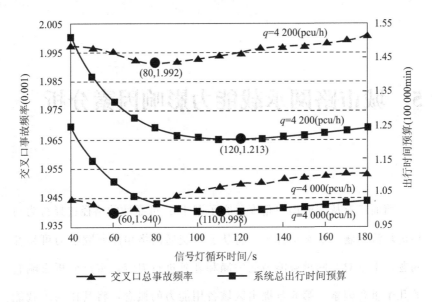

图 4-9 交叉口总交通事故频率和系统总出行时间预算

5 城市路网承载能力影响因素分析

前面三章从交通用户角度研究了基于 α-可靠性的路径选择行为与均衡配流问题。从本章开始，将从宏观交通网络角度研究能力可靠性问题。本章对路网承载能力的内涵和外延进行界定，重点分析影响它的几个重要因素。第6章提出区域备用能力的概念，将其作为承载能力度量指标，构建单一区域和整个路网的区域备用能力双层模型。在第7章，将区域备用能力概念应用于路网可靠性研究，提出路网承载能力可靠度的概念，着重分析出行需求波动下路网承载能力可靠性问题。

交通网络承载能力是指在城市空间范围内，在给定交通设施资源和环境容量约束下，整个交通网络所能提供的人和物的最大空间转移能力。限定于城市道路网络（简称路网）中，亦被称为路网容量、路网通行能力等。路网承载能力的度量与建模在交通科学领域是一个非常基础性的研究课题。早期的研究主要集中于路网物理容量的研究：在路段通行能力约束下，路网系统可以容纳的最大交通流量。随着现代化城市规模的急剧扩张和居民出行需求的频繁波动，许多研究方法和模型已经远远不能适应实际问题的需要。首先表现为路网承载能力与OD需求结构适应性问题。以往的研究或是不考虑OD需求结构，或假设OD需求结构是固定的，对交通流量的实际分布问题考虑较少，因此得到的结果很难与实际的交通需求相适应。其次，以往的研究对路网系统服务水平问题考虑不够详尽。承载能力是和服务水平紧密关联的两个路网性能指标，因此在承载能力度量时应给出明确的路网服务水平标准。

迄今为止，许多学者在交通科学的各个领域（信号灯控制、路网设计、拥挤道路收费、路网可靠性以及智能交通系统等）进行了卓有成效的研究，许多研究成果已经成功地运用于交通规划与管理实践，成为政府交通部门决策的重要科学依据。但是，作为路网中最基本的问题，对路网承载能力问题的研究仍显不足。早期的理论研究方法与实际的交通问题严重脱节，各种研究方法和模型的计算结果不够理想。为此，首先讨论影响城市路网承载能力的几个重要因素，以加深对路网承载能力问题复杂性的认识。

5.1 研究现状

承载能力（loading capacity）的概念最早出现于机械及结构力学，后被引入到燃烧及生态学说之中，此后凡涉及系统与系统负荷极限问题都借用此概念来表达。交通网络系统的承载能力是指在特定交通资源环境条件下，交通系统满足交通需求的最大能力。它包含以下三个层次的含义。

第一，交通运输网络所能容纳的人、物或交通流的最大空间位移能力。

第二，交通运输网络所能达到的资源最大使用水平和基础设施状态。

第三，交通运输网络所能支撑的人口、社会与经济活动的最大水平。

交通运输网络系统是一个复杂巨系统，它涉及人、车、路与环境要素的互动问题，这些要素的内容、构成和互动关系非常复杂，形成一系列的科学研究问题。在国际、国内学术界关于交通网络系统承载能力的研究还处于起步阶段。

交通网络承载能力研究是现实中迫切需要解决的问题，也是学术研究的理论难题。近 30 年来，许多学者一直尝试从各种角度来分析此问题，但始终没能取得令人满意的结果。过去的研究工作主要集中于道路、交叉口和匝道通行能力的研究，这是认识交通网络承载能力的起点或平台，至今仍有许多延伸性问题需要解决。从 20 世纪 90 年代中开始，一些研究开始聚焦于交通网络承载能力的研究，分析一个交通网络系统能支撑多大的 OD 需求量或区域交通发生量，这是交通网络承载能力研究的核心问题。

在理论研究中，路网承载能力亦被称为路网容量、路网通行能力[1]。由于影响路网承载能力的因素较为复杂，学者们从不同的角度提出了各种各样的度量方法。概括起来主要包括四类：割集方法、线性规划法、时空消耗法和均衡配流法。

（1）割集方法

割集方法是图论中求解网络最大流问题的经典方法，其理论基础是美国普林斯顿大学运筹学教授 Ford 和 Fulkerson[2] 提出的最大流最小割定理。该方法不但适用于城市路网，对其他带有能力限制的网络系统也同样适合。在早期研究中，通过在网络中增加一个虚拟起点和终点，以及连接虚实起点、终点的虚拟路径，将整个路网简化为一个单起点单终点的简单网络。从虚拟起点到达虚拟终点的最大交通量可以通过求网络割集的方法获得，此割集容量就被视为路

---

[1] 陈春妹，任福田，荣建. 路网容量研究综述 [J]. 公路交通科技，2002，19（3）：97-101.

[2] FORD L R，FULKERSON D R. Maximum flow through a network [J]. Canadian Journal of Math，Vol. 8，1956.

网的最大承载能力。该方法简单直观、便于计算，但虚拟节点和路径的增加会使网络规模成倍地增加，为计算增加了额外负担。此外，网络变换会引起 OD 流量的重新分布，导致路网承载能力结果与实际 OD 需求不相适应的情况。为此，国内许多学者对此方法进行了改进，如杨涛提出衍生割集网络最大流算法[①]，许伦辉等提出改进的标号算法[②]。但是这些算法都无法从根本上解决承载能力与OD 需求的适应性问题。

（2）线性规划方法

线性规划方法是通过建立线性规划模型求解路网承载能力的方法。在模型中，目标函数是对 OD 需求总量求极大，约束条件包括路段通行能力限制、流量守恒条件等。该方法假设各个 OD 对分担的流量与总流量的比值是固定的，因此得到的承载能力具有固定的需求结构。此外，此线性规划模型的目标函数是非凸的，所以很难获得全局最优解。

（3）时空消耗法

时空消耗法是法国工程师路易斯·马尚于 1986 年提出的。该方法将整个路网设施视为一个可以容纳交通个体的时空容器，每个交通个体都会对交通设施在时间和空间上进行一定的占用，而其他交通个体只能使用未被占用的时空资源。在时空总资源约束下，路网所能容纳的最大交通个体数就是其承载能力。根据对空间资源的不同假设，可以建立一维和二维模型。一维模型以道路的有效运营长度与运营时间的乘积作为路网的时空总资源，则单位空间和时间内所能容纳的最大车辆数为：

---

① 杨涛，徐吉谦．运输网络极大流的一种新算法 [J]．土木工程学报，1991（1）：8-16．
② 许伦辉，徐建闽，周其节．路段通行能力约束下路网最大交通量的确定 [J]．公路，1997（11）：30-33．

$$C_{rd} = \frac{C}{C_i} \Big/ L_r = \frac{L_r T}{\bar{h} \bar{t}} \Big/ L_r = \frac{T}{\bar{h} \bar{t}}$$

其中，C_{rd} 代表路网承载能力，C 代表时空总资源，C_i 代表每个车辆的平均消耗，L_r 代表机动车车道总有效长度，$\bar{h}$ 代表机动车的平均车头间距，t 代表机动车在单位时间内的平均出行时间。类似的，若将有效运营面积和运营时间的乘积作为路网的时空总资源，可构建相应的二维模型。该方法概念清晰、形式简单，可视为道路通行能力概念的推广。但是，模型中的参数（如交通个体在计算周期内的平均出行时间 t）难以确定，且缺乏可靠的理论依据。近年来，国内一些学者[①]试图对模型的参数进行重新标定或改进，但效果都不理想。

在上述三类方法中，都将路网视为一个简单的物理网络，重点考虑道路通行能力对路网承载能力的影响。但是路网系统的参与主体是交通用户，因此在路网承载能力研究中应该充分考虑交通用户的出行行为。

（4）均衡配流方法

均衡配流方法是较为符合实际的承载能力研究方法，其最大优点在于充分考虑到路网的拥挤效应和交通用户的择路行为。1972 年，日本学者 Iida 首先在路网容量研究中引入均衡配流的思想[②]，并利用比例配流（Incremental Assignment）方法将 OD 流量逐步加载到网络中。每次流量分配都是以上次流量分配得到的路段阻抗为基础，并按最小阻抗原则进行加载。当某个路段达到其通行能力时，就将其删除。最后网络被分成互不连通的两部分，此时累加的 OD 流量就是路

---

① 周溪召，刘灿齐，杨配昆. 高峰时段城市道路网时空资源和交通空间容量 [J]. 同济大学学报（自然科学版），1996（4）：392-397.

② IIDA Y. Methodology for maximum capacity of road network [J]. Transaction of Japan Society of Civil Engineers，Vol. 205，1972.

网容量。由于该方法得到的路网容量是 OD 流量的累加，因此很难考虑实际 OD 需求结构问题。此后，Akamatsu 等[①]利用求解弹性需求用户均衡配流问题的网络图变换方法，构建了求解路网承载能力的单层模型。但由于网络变换后虚拟路径上的流量解是不唯一的，同样存在无法考虑实际 OD 需求结构的问题。Asakura 和 Kashiwadani[②]对此做了进一步的研究，提出利用双层模型求解路网容量的方法。其中上层模型是对 OD 需求总量求极大，下层是含路段通行能力约束的用户均衡配流模型。该双层模型形式简单，并可利用 Frank-Wolfe 方法对下层用户均衡问题进行精确求解。但是该模型假设需求结构是固定的，模型的结果会强烈依赖于初始 OD 矩阵的选取。最近，Yang 等[③]考虑了路网承载能力中的排队时间问题与 OD 流量分配问题，构建了度量区域通行能力的双层模型。

近年来，很少有专家学者单纯研究均衡配流条件下路网承载能力问题，更多的是将已有的度量指标直接应用于城市路网设计、最优信号灯控制和交通网络可靠性等交通规划问题。其中备用能力（Reserve Capacity）就是一个最常用的度量指标。此概念最早由 Webster 和 Cobbe[④]提出，用来研究简单的独立控制的信号灯交叉口的通行能力问题。此后，Allsop[⑤]将此概念扩展到复杂信号灯交叉口通行能力问题。Wong 等[⑥]将其进一步推广至整个网络，研究如何进行信号灯

① AKAMATSU T, MIYAWAKI O. Maximum network capacity problem under the transportation equilibrium assignment [J]. Infrastructure Planning Review, Vol. 12, 1995.

② ASAKURA Y, KASHIWADANI M. Estimation model of maximum road network capacity with parking constraints and its application [J]. Infrastructure Planning Review, Vol. 11, 1993.

③ YANG H, BELL G H, MENG Q. Modeling the capacity and level of service of urban transportation networks [J]. Transportation Research Part B, Vol. 34, 2000.

④ WEBSTER R L, COBBE B M, Traffic Signal. Road Research Technical Paper, No. 56 [M]. London: HMSO, 1966.

⑤ ALLSOP R E. Estimating the traffic capacity of a signalized road junction [J]. Transportation Research, Vol. 6, 1972.

⑥ WONG S C, YANG H. Reserve capacity of signal-controlled road network [J]. Transportation Research Part B, Vol. 31, 1997.

设置以使路网通行能力极大化。Chen 等[1]利用备用能力的概念，提出路网能力可靠度的概念。

（5）其他方法

对于交通网络承载能力问题，国内学者更倾向于实用性研究。清华大学陆化普教授系统研究了我国大城市交通承载能力现状，提出一系列非常实用的交通网络承载能力度量指标，并对提升城市交通承载能力问题给出许多指导性建议。石川与石蕾针对北京市交通拥堵问题，依据经济学的供需规律，简单地提出了交通设施负载汽车保有量的承载能力问题。程琳等提出了利用网络容量（道路系统的最大网络流）测量交通网络承载能力的概念和模型，他们在模型中考虑了 OD 结构特性、路段容量、交通流守恒、机动车出行距离等影响因素。张宁考虑到城市交通系统的土地利用特性，提出了城市交通系统的土地承载能力的概念。乔家君和龚如阁提出区域交通系统支撑区域社会经济发展的问题，并运用评分法构建了一种承载能力指数。朱吉双和张宁考虑到交通系统服务水平和出行需求结构问题，提出了城市路网中区域最大交通吸引能力的度量方法与模型。关于这些模型方法的详细讨论，见参考文献 [83-88]。

在路网承载能力研究中，大部分都是针对路网物理承载能力的研究，而对交通用户行为、OD 出行需求结构、路网服务水平、环境承载能力等因素考虑较少。尤其是在承载能力与 OD 需求的适应性问题上，以往的研究或是不考虑需求结构，或是假设需求结构是固定的，很少考虑实际交通流量的分布问题，所以模型结果很难适应现实的交通需求。此外，以往模型对路网系统服务水平问题考虑也不够详尽。与道路通行能力问题类似，路网承载能力是和系统服务水平等级紧密

---

① CHEN A，YANG H，LO H K，et al . A capacity related reliability for transportation network [J]. Journal of Advanced Transportation，Vol. 33，1999.

关联的。总之，在路网承载能力度量与建模时，必须考虑到交通网络特性，对主要影响因素进行深入分析，以便建立一个系统、全面的理论框架。

5.2 备用能力概念及模型简介

在路网承载能力研究中，备用能力是一个广泛使用的度量指标。此概念最早由 Webster 和 Cobbe 提出，用来研究简单的、独立控制的信号灯交叉口通行能力问题。因为备用能力的概念特别简单直观，所以被广泛应用于交通规划理论分析之中，例如路网通行能力估计、路网设计、交叉口信号灯控制、路网可靠性等。

定义 5.1 备用能力。

给定初始 OD 需求量 $\bar{q} = (\bar{q}_{rs})_{r \in R, s \in S}$，在一定的服务水平下，若路网能容纳的最大 OD 流量为 $\mu\bar{q}$，则乘子（Multiplier）μ 就称为路网的备用能力。

由备用能力的定义可知：若 $\mu > 1$，说明路网还存在剩余承载能力；若 $\mu < 1$，则说明路网承载能力不足。其双层模型为：

$$\max \mu \tag{5.1}$$

$$\text{s. t. } x \leqslant c \tag{5.2}$$

其中路段流向量 x 是下层用户均衡配流问题的路段流量解：

$$\min Z(x) = \sum_{a \in A} \int_0^{x_a} t_a(\omega) \, \mathrm{d}\omega \tag{5.3}$$

$$\text{s. t.}$$

$$\Lambda f = \mu\bar{q} \tag{5.4}$$

$$f \geqslant 0 \qquad (5.5)$$

$$x = \Delta f \qquad (5.6)$$

其中 $\Delta = (\delta_{a,k}^{rs})_{r,s,a,k}$ 代表路段-路径关联矩阵，$\Lambda = (\xi_a^{rs})_{r,s,k}$ 代表 OD-路径关联矩阵，若路径 k 连接 OD 对 (r,s)，$\xi_k^{rs} = 1$；否则为 0。$t_a(\cdot)$ 代表路段 a 的时间函数，f 代表路径流向量，$f = (f_k^{rs})_{k \in P_{rs}, r \in R, s \in S}$，其中 f_k^{rs} 表示路径 k 上的流量。在模型（5.1）～（5.6）中，上层模型是对 OD 需求总量求极大，同时满足路段通行能力约束条件，下层模型是标准的用户均衡配流问题。该双层模型综合考虑了路段通行能力约束、路网拥挤效应及交通用户择路行为，是一个考虑因素较为全面的路网承载能力模型。

5.3 承载能力影响因素分析

在城市交通网络系统中，路网承载能力的大小不仅取决于道路、交叉口、匝道等交通设施的通行能力，而且还会受到交通规则、交通用户出行行为、OD 需求结构变化的影响。下面针对其中的四个主要因素：路段通行能力、路网系统服务水平、交通用户的择路行为和 OD 需求结构展开分析。在上节中，总结了路网承载能力四种度量方法，各方法对上述四种影响因素的考虑情况见表 5-1，从中可以看出均衡配流法考虑影响因素是最为全面的。下面就结合该方法中最常用的备用能力模型对各个影响因素展开分析。讨论算例中数值单位如下：通行能力、流量和 OD 需求的单位都为标准车/分钟（pcu/min），时间单位为分钟（min）。

表 5-1 承载能力度量方法考虑因素对比

影响因素 模型方法	路段通行能力	择路行为	服务水平	需求结构	资源环境约束
割集方法	有	无	无	无	无
线性规划法	有	无	无	无	无
时空消耗法	有	无	无	无	无
均衡配流法	有	有	有,不完全	有,不完全	无

5.3.1 道路通行能力

道路通行能力也称为道路容量,它是指在正常的道路、交通管制以及运行质量要求下,单位时间内道路设施在某点或某断面处通过的最大车辆数。道路通行能力是反映道路疏导车辆能力的一种指标,其基本单位是 $pcu/(h \cdot ln^{-1})$（车道的标准车/小时）。道路通行能力按其性质作用可分为三种:理想通行能力、实际通行能力和设计通行能力。

道路是城市路网的重要组成元素,其通行能力的大小对路网承载能力起着至关重要的作用。一般情况下,路网承载能力是和道路通行能力正相关的,即对路网中的关键道路进行扩容(或兴建新的道路),都会增加路网的承载能力。但是考虑到交通用户的择路行为,该问题就会变得比较复杂。例如著名的 Braess 诡异现象就说明在某些情况下新增一条道路不仅不会提高路网的承载能力,还会导致整个系统的拥挤程度加剧。

在路网承载能力建模时,尤其是建立双层模型时,更应该注意路段能力约束问题。在备用能力模型(5.1)~(5.6)中,路段通行能力约束(5.2)置于上层模型或下层模型的意义是截然不同的。下面通过一个简单例子来说明此问题,如图 5-1 所示,设路网包含两个路段和一个 OD 对 (r,s)，路段 1、2 上的通行能力分别为 5 和 15，路段时间函数为：

$$t_i(x_i) = 5 + x_i \qquad i = 1, 2$$

其中 x_i 代表路段 i 上的流量。令初始 OD 需求 $\bar{q} = 1$。分以下两种情形讨论：

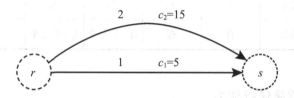

图 5-1 路段通行能力约束示例

第一，将路段能力约束（5.2）置于上层模型。此时下层模型（5.3）～（5.6）是标准的用户均衡配流问题，根据用户均衡条件有：

$$5 + x_1 = 5 + x_2, \quad x_1 + x_2 = \mu\bar{q} = \mu, \quad x_1 \geqslant 0, \ x_2 \geqslant 0$$

结合上层约束条件 $x_1 \leqslant 5$，$x_2 \leqslant 15$，对乘子 μ 求极大可得：$x_1 = x_2 = 5$，$\mu = 10$。此时 OD 出行时间 $T_{rs} = 10$，路网承载能力为：$C_{\text{Net}} = \mu\bar{q} = 10$。

第二，将约束（5.2）置于下层模型（5.3）～（5.6）中，则下层模型变成含路段通行能力约束的用户均衡配流问题。此时，下层模型充分考虑了路段通行能力约束，使得均衡配流结果更符合实际，但会对构造算法造成一定的困难。根据该问题的一阶最优性条件[①]可得：

$$5 + x_1 + \tau_1 = 5 + x_2 + \tau_2, \quad x_1 + x_2 = \mu\bar{q} = \mu$$
$$c_i - x_i \geqslant 0, \quad \tau_i \geqslant 0, \quad (c_i - x_i)\tau_i = 0, \ i = 1, 2$$

其中 τ_i 是路段能力约束 $x_i \leqslant c_i$ 对应的 Lagrange 乘子，可以解释为路段 i 上的排队时间（Queuing time）。结合流量非负约束，对乘子 μ 求

---

① LARSSON T, PATRIKSSON M. An augmented Lagrangian dual algorithm link capacity side constrained traffic assignment problems [J]. Transportation Research Part B, Vol. 29, 1995.

极大可得：

$$x_1 = 5, x_2 = 15, \tau_1 = 10, \tau_2 = 0, \mu = 20$$

相应的 OD 出行时间 $T_{rs} = 20$，路网承载能力为：$C_{\text{Net}} = \mu \bar{q} = 20$。此时，路段 2 上的流量恰好达到其通行能力，且无排队现象（$\tau_2 = 0$），但是路段 1 上出现拥挤排队等待现象，均衡排队时间的大小为：$\tau_1 = 10$。

进一步分析可知，情形（1）意味着不允许出现排队现象，此时的 OD 出行时间 $T_{rs} = 10$，路网的服务水平较高。但是路段 2 上的流量只是通行能力的三分之一，路网并未达到最大承载能力。在情形（2）中，虽然路网达到了最大承载能力 $C_{\text{Net}} = 20$，但路段 1 的排队时间 $\tau_1 = 10$，是其自由流时间的两倍，并且 OD 出行时间 $T_{rs} = 20$，这些都说明路网的时间服务水平是较低的。因此在路网承载能力建模时，要考虑交通用户的择路行为问题，必须首先考虑具体的系统服务水平约束，否则模型得到的结果将是片面的。

5.3.2　系统服务水平

关于城市道路服务水平问题，美国《道路通行能力手册》给出了详尽的研究和定义。但对于路网系统，迄今为止却没有详细而权威的服务水平等级划分。在城市路网中，服务水平和承载能力是相互关联的系统性能指标。一般地，服务水平要求越高，路网的承载能力就越小。路网系统服务水平的度量指标包括出行时间、费用、舒适性、便捷性、安全性、可靠性等。其中最重要的是出行时间，其他指标都可以直接或间接地由出行时间来度量。因此，在理论分析中将出行时间作为路网系统服务水平的度量指标是较为合理的。

在路网承载能力建模时，要考虑交通用户的择路行为，必须首先明确路网系统的服务水平。最直观的想法是直接施加 OD 出行时间约束。其一般形式如下：

$$u_{rs} \leqslant \frac{1}{\theta} \bar{u}_{rs} \qquad \forall r, s \qquad (5.7)$$

其中，$\bar{u}_{rs}$，u_{rs} 分别代表 OD 对 (r, s) 的自由流时间和实际的出行时间，θ 代表出行时间服务水平参数（$\theta \leqslant 1$），参数 θ 的取值越大，代表的路网服务水平越高。

在模型（5.1）～（5.6）中，路段通行能力约束（5.2）置于上层模型时，路网服务水平较高但承载能力偏小。置于下层时，虽然能达到最大承载能力，但又会使服务水平过低。一种合理的做法是将路段能力约束（5.2）置于下层模型，而在上层模型中施加 OD 出行时间约束（5.7）。还可以采用网络变换法间接施加此约束。如图 5-2 所示，在 OD 对 (r, s) 之间引入虚拟路径 $\bar{a}$，令它的时间函数为常数：$t_a(x_{\bar{a}})$ $= \frac{1}{\theta} \bar{u}_{rs}$。在用户均衡条件下，若虚拟路径 $\bar{a}$ 上的流量为 0，则说明 OD 对 (r, s) 中其他有流量经过的路径上的行驶时间必小于等于 $\frac{1}{\theta} \bar{u}_{rs}$，否则必大于 $\frac{1}{\theta} \bar{u}_{rs}$。因此，只要在模型（5.1）～（5.6）的上层对虚拟路段施加零流约束：

$$x_{\bar{a}} = 0, \forall \bar{a} \in \bar{A} \qquad (5.8)$$

就能保证各个 OD 对的出行时间满足约束条件（5.7），其中 $\bar{A}$ 表示所有虚拟路段（路径）的集合。因此，在模型（5.1）～（5.6）中直接施加 OD 出行时间约束（5.7）与在变换网络中施加虚拟路段零流约束（5.8）是完全等价的。比较两种方法可以发现，前者较为简单、直观，但由于在上层中使用了 OD 出行时间变量 u_{rs}，使得模型上下层变量关系不够清晰，给模型求解带来一定的困难。后者将出行时间约束变换为虚拟路段通行能力约束，模型中变量关系清晰、简洁，主要缺点是增添虚拟路径会使网络规模扩大，从而影响计算效率。

图 5-2 网络变换法

下面继续就图 5-1 中的情形（2）进行讨论。由网络图及时间函数可知：OD 对 (r,s) 的自由流时间 $\bar{u}_{rs} = 5$。令出行时间服务水平参数 $\theta = \frac{1}{3}$，则 OD 出行时间约束为：

$$u_{rs} \leqslant \frac{1}{\theta}\bar{u}_{rs} = 15 \qquad (5.9)$$

在情形（2）中，为避免由于排队现象所导致的出行时间服务水平过低问题，下面采用变换网络法施加出行时间约束（5.9）。如图 5-3 所示，在 OD 对 (r,s) 之间增加一条虚拟路径 3，其上的时间为常数 $\bar{t}_3 = \frac{1}{\theta}\bar{u}_{rs} = 15$，通行能力 $c_3 = +\infty$。

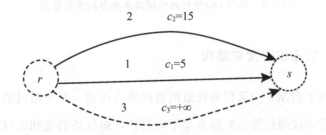

图 5-3 添加虚拟路径方法

此时下层含能力约束用户均衡问题的最优性条件为：

$$5 + x_1 + \tau_1 = 5 + x_2 + \tau_2 = \bar{t}_3 + \tau_3, \quad x_1 + x_2 + x_3 = \mu\bar{q} = \mu$$

$$c_i - x_i \geqslant 0, \quad \tau_i \geqslant 0, \quad (c_i - x_i)\tau_i = 0, i = 1,2,3$$

对变量 μ 求极大，并注意 $x_3 = 0$ 及流量非负约束，可得：

$$\mu = 15, x_1 = 5, x_2 = 10, \quad x_3 = 0 \ \tau_1 = 5, \ \tau_2 = \tau_3 = 0$$

此时，OD 出行时间 $T_{rs} = 15$ ，路网承载能力 $C_{Net} = \mu \bar{q} = 15$ 。虽然路段 1 上仍会出现排队现象，但是其排队时间 $\tau_1 = 5$ ，与情形（2）相比明显减小。图 5-4 通过计算给出了不同服务水平参数 θ 下的承载能力和排队时间结果。从中可以看出，服务水平要求越高，路网的承载能力越小，路段 1 上的排队时间越短。这充分说明路网承载能力和系统时间服务水平是相互关联的。

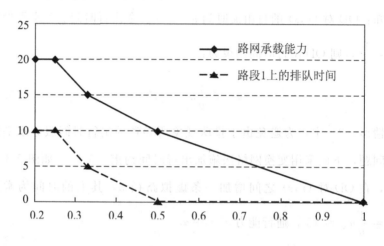

图 5-4　不同 OD 出行时间服务水平下的承载能力

5.3.3　交通出行需求结构

不同于道路、交叉口和匝道的通行能力问题，整个路网的承载能力不但受路段通行能力和服务水平的制约，而且还会受到出行需求结构的影响。在以前的割集方法和时空消耗法中，都未考虑出行需求结构问题，在线性规划法和均衡配流法中，固定需求结构假设也显得过于简化。因此这些方法得到的结果很难与实际的交通需求相适应。

在备用能力模型（5.1）～（5.6）中，假设 OD 需求结构是固定的（初始 OD 矩阵 $\bar{q}$）。这会使得某个 OD 对的流量首先达到最大值，而其他 OD 流量并未达到最大，造成路网承载能力的低估。为克服此缺点，将备用能力模型改进如下：

$$\max \mu^T \bar{q} \tag{5.10}$$

s. t.

$$\mu \geqslant \bar{\mu} \tag{5.11}$$

$$x \leqslant c \tag{5.12}$$

其中，$\mu = (\mu_{rs})_{r \in R, s \in S}$ 是基本需求量 $\bar{q}$ 的乘子向量，向量 $\bar{\mu} = (\bar{\mu}_{rs})_{r \in R, s \in S}$ 代表最小乘子。条件（5.11）是最小乘子约束。向量 x 是下层用户均衡问题（5.3）～（5.6）的路段流量解［此时下层约束（5.4）变为 $\Lambda f = \mu^T \bar{q}$］。

从改进模型（5.10）～（5.12）可以看出，各个 OD 需求的乘子 μ_{rs} 是相互独立的，所以有效地克服了 OD 流量相互制约问题。但是此模型是一个非凸、非线性规划问题，无法保证解的唯一性，很难考虑 OD 需求分布问题。下面通过一个简单算例加以说明。如图 5-5 所示，其中包括三个路段，两个 OD 对（1，4）、（2，4）。各个路段的通行能力分别为：$c_{13} = c_{23} = 10$，$c_{34} = 20$。

首先讨论基本模型（5.1）～（5.6）。设初始 OD 需求为：$\bar{q}_{14} = 2$、$\bar{q}_{24} = 1$，带入模型求解易知 $\mu^* = 5$，路网承载能力 $C_{\text{Net}} = 15$。此时，虽然 OD 对（2，4）上仍存在剩余的通行能力，但由于固定 OD 需求结构的制约而无法达到最大值。若初始 OD 需求为：$\bar{q}_{14} = \bar{q}_{24} = 1$，则 $\mu^* = 10$，路网承载能力 $C_{\text{Net}} = 20$。这说明当需求结构满足 $\bar{q}_{14}$：$\bar{q}_{24} = 1 : 1$ 时，路网的承载能力达到最大值，路网承载能力与需求结构充分适应，此需求结构被称为路网的理想 OD 结构。

下面讨论改进模型（5.10）～（5.12）。仍设 $\bar{q}_{14} = \bar{q}_{24} = 1$，最小乘子 $\bar{\mu}_{14} = \bar{\mu}_{24} = 1$。将以上数据带入模型，经计算可得备用能力解集为：

$$\{\mu^* = (\mu_{14}^*, \mu_{24}^*)^T \mid \mu_{14}^* + \mu_{24}^* = 10, \mu_{14}^* \geqslant 1, \mu_{24}^* \geqslant 1\}$$

此时，最优解集是一个凸集合，且路网承载能力 $C_{Net} = (\mu^*)^T \bar{q} = 20$，这说明改进模型（5.10）～（5.12）虽然获得路网的最大承载能力，但解是不唯一的，因而无法考虑 OD 需求结构问题。

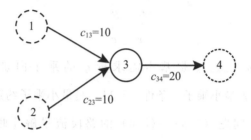

图 5-5　需求结构与承载能力关系示例

综上所述，OD 需求结构确实会影响路网承载能力的计算结果。因此要构建更为符合实际的路网承载能力模型，应充分考虑 OD 流量的实际分布问题。

5.3.4　交通用户的择路行为

在割集方法、线性规划法和时空消耗法中，由于交通用户都被等同于运输货物，所以并未考虑交通用户的择路行为问题。但由于城市路网中存在拥挤效应，每个交通用户总是力图选择时间最短的路径出行，最终整个网络会达到用户均衡状态。在路网承载能力建模时考虑交通用户的择路行为，可以得到更为符合现实的结果，但同时也会带来一些问题。Yang 等[①]给出了一个有趣的网络能力悖论：在某些情况下，新增一条道路会导致整个路网的承载能力下降。下面给出此悖论的详细论述。如图 5-6 所示，网络中包含四个路段、两条路径和一个 OD 对。路段阻抗函数和通行能力参数见表 5-2。

---

　　① YANG H, BELL M G H. A. capacity paradox in network designing and how to avoid it [J]. Transportation Research Part B，Vol. 32，No. 7，1998.

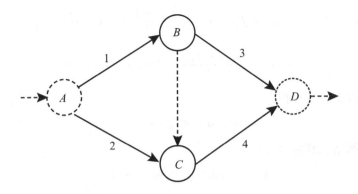

图 5-6 "能力悖论"网络图

该网络是一个对称网络，其最大承载能力为：

$$C_{\text{Net}} = \min\{c_1, c_3\} + \min\{c_2, c_4\} = 10 + 10 = 20(\text{pcu/min})$$

表 5-2 "能力悖论"网络图数据

路段标号	1	2	3	4
通行能力（pcu/min）	10	20	20	10
阻抗函数(s)	$t_1(x_1) = 20 + 2x_1$	$t_2(x_2) = 50 + 2x_2$	$t_3(x_3) = 20 + 2x_3$	$t_4(x_4) = 20 + 2x_4$

在节点 B、C 之间增加一条路段 5，其通行能力和阻抗函数分别为：

$$c_5 = 10, \quad t_5(x_5) = 10 + x_5$$

此时 OD 对 (A, D) 之间共有三条路径：$1 \rightarrow 3$，$2 \rightarrow 4$，$1 \rightarrow 5 \rightarrow 4$，令路径流量分别为 f_{13}，f_{24}，f_{154}，OD 对 (A, D) 的流量为 q_{AD}。若不考虑交通用户择路行为，网络承载能力不会改变。若交通用户依据用户均衡原则择路，则根据网络对称性可知：

$$f_{13} = f_{24} = \frac{q_{AD} - f_{154}}{2}$$

再根据路段通行能力约束：

$$x_1 = f_{13} + f_{154} = x_4 = f_{24} + f_{154} = \frac{q_{AD} - f_{154}}{2} + f_{154} = \frac{q_{AD} + f_{154}}{2} \leqslant 10$$

$$x_2 = x_3 = f_{13} = f_{24} = \frac{q_{AD} - f_{154}}{2} \leqslant 20 \ , \ x_5 = f_{154} \leqslant 10$$

综合以上各式可得：

$$0 \leqslant q_{AD} \leqslant 20 - f_{154}$$

此时网络承载能力为：

$$C_{\text{Net}} = \max\{q_{AD}\} = 20 - f_{154}$$

这说明新增路段 5 并不能提高整个网络的承载能力。只要路段 5 上有流量经过，网络承载能力就会下降，能力减少量就是路段 5 的流量大小。

迄今为止，对于交通规划问题中使用的均衡配流模型并无统一标准。一般的，对于日常交通流预测、实时交通控制、车辆导驶系统等问题，应使用较为精细的交通配流模型，例如随机网络均衡配流模型、动态均衡配流模型等。而对于路网设计、拥堵收费、BOT 等长期交通规划问题，使用用户均衡或随机用户均衡配流模型即可。最近，Tatineni 等[①]对确定型配流模型和随机型配流模型的数值结果进行了全面的比较，并对交通规划问题中配流模型使用问题提出了一些建议。

5.3.5　其他影响因素

要想估算更为合理的路网承载能力，除上述四个主要因素外，还需要考虑环境、资源、经济、土地等诸多外界因素。近年来，国内许多学者都对这些问题进行了研究。例如，张宁[②]考虑到城市交通系统

---

① TATINENI M，BOYCE D，MIRCHANDANI P. Comparisons of deterministic and stochastic traffic loading models ［J］. Transportation Research Record，Vol. 1607，1997.

② 张宁. 城市规模与城市交通发展的系统分析方法 ［J］. 系统工程理论与实践，2005，25（8）：136-139.

的土地利用特性，提出城市交通系统的土地承载能力的概念。乔家君等[①]运用评分法构建了一种承载能力指数，研究区域交通系统支撑区域社会经济发展的承载能力问题。杨忠振等[②]利用双层规划模型研究了环境承载力约束条件下城市汽车保有量问题。刘志硕等[③]考虑到交通环境污染和资源消耗，提出基于环境承载能力的城市交通容量模型。

---

① 乔家君，龚如阁. 区域交通网络空间结构优化及实证研究 [J]. 地理与地理信息科学，2006，22（2）：64-68.

② 杨忠振，苗国强，冯涛. 环境承载力约束条件下城市最大乘用车保用量预测 [J]. 中国公路学报，2006，19（6）：92-96.

③ 刘志硕，申金升，张智文. 基于交通环境承载力的城市交通容量的确定方法及应用 [J]. 中国公路学报，2004，17（1）：70-73.

6 区域备用能力双层模型与启发式算法

在城市路网承载能力研究中，建立实用、合理的度量指标是非常关键的。为此将传统的备用能力概念进行扩展，从区域交通产生量的角度提出区域备用能力的概念。该度量指标放松了固定需求结构假设，可以充分考虑路网承载能力与 OD 需求结构适应性问题。

6.1 区域备用能力的定义

备用能力概念简单、直观易懂，被广泛应用于各种交通规划问题。为此，将此概念进行适当扩展，从区域交通产生量的角度提出区域备用能力的概念。

定义 6.1 区域备用能力（Zonal reserve capacity）。

设路网中各个起始区域 $r(r \in R)$ 的初始交通产生量为 $\bar{O} = (\bar{O}_r)_{r \in R}$，在一定的 OD 流量分布模式与系统服务水平条件下，若路网能容纳的最大交通产生量为 $\mu\bar{O}$，则乘子 μ 就称为区域备用能力。

关于区域备用能力的概念，需强调以下几点：

第一，若 $\mu > 1$，说明每个起始区域都至少存在 $100(\mu - 1)\%$ 的剩余交通承载能力。若 $\mu < 1$，则必然存在某个起始区域，它的交通承载能力是不足的，缺少量为 $100(1 - \mu)\%$。

第二，定义并未考虑交通产生量的分配问题，因此在建模时必须考虑实际流量的分布（Trip Distribution）。在传统的交通预测四阶段法中，交通流量分布问题是其中重要的一个环节，大量文献对此问题进行了研究，并得到许多经典模型，例如重力模型、极大熵模型、单边或双边约束的组合模型等。借助这些交通分布模型，可以考虑 OD 流量的实际分配问题。

第三，若起始区域的交通产生量在各个终讫区域间按固定比例分配，则上述定义就等价于备用能力概念，因此区域备用能力是备用能力概念的推广。

第四，定义 6.1 是从起始区域交通产生量的角度进行定义的，类似的，也可以从终讫区域交通吸收量的角度进行定义："设终讫区域 $s(s \in S)$ 的初始交通吸收量为 $\overline{D} = (\overline{d}_s)_{s \in S}$，在一定的 OD 流量分布模式与系统服务水平条件下，若终讫区域的最大交通吸收量为 $\mu \overline{D}$，则称 μ 为路网的区域备用能力"。

为说明区域备用能力与备用能力的概念差异，考虑图 6-1 中的简单例子。其中节点 1 是起始区域，节点 2、3 是终讫区域，路段 1 和 2 的通行能力分别为 $c_1 = 20$（pcu/min）、$c_2 = 10$（pcu/min），路段时间函数（单位：min）为：

$$t_1 = 2 + x_1 , t_2 = 1 + 2x_2 \qquad (6.1)$$

其中 x_1 和 x_2 代表路段 1 和 2 的流量。

假设区域 1 的初始交通产生量为 $\overline{O}_1 = 10$（pcu/min），且交通分布满足参数 $\theta = 1$ 的 Logit 模型：

$$\overline{q}_{12} = \overline{O}_1 \frac{\exp[-\theta(t_1 - A_2)]}{\exp[-\theta(t_1 - A_2)] + \exp[-\theta(t_2 - A_3)]} , \overline{q}_{13} = \overline{O}_1 - \overline{q}_{12}$$

$$(6.2)$$

其中 A_2 和 A_3 是终讫节点 2 和 3 的交通吸引能力参数，为避免此参数的影响，假设 $A_2 = A_3 = 0$。利用公式（6.2）计算可知初始 OD 流量

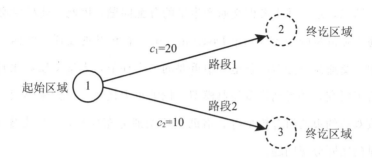

图 6-1　区域备用能力与备用能力比较图例

为：$\bar{q}_{12} = 6.2\,(\text{pcu/min})$，$\bar{q}_{13} = 3.8\,(\text{pcu/min})$。考虑到路段通行能力约束，若按固定需求比例 $\bar{q}_{12}:\bar{q}_{13}$ 进行计算，可以得到备用能力结果，按公式（6.2）计算，可以得到区域备用能力结果。图 6-2 给出了不同区域交通产生量下 OD 流量分配结果。横轴代表 OD 对（1，2）的流量，纵轴代表 OD 对（1，3）的流量，直线代表了利用固定需求 $\bar{q}_{12}:\bar{q}_{13}$ 得到的 OD 流量结果，曲线代表了由 Logit 公式（6.2）计算得到的 OD 流量分布结果。考虑到虚线所示的路段通行能力限制，可以看出路网的备用能力在 A 点，此时 OD 对（1，2）和（1，3）的流量约为 16 和 10(pcu/min)，起始区域 1 的交通产生总量为 26(pcu/min)。但是路网的区域备用能力在 B 点，OD 对（1，2）和（1，3）的流量约为 19 和 10(pcu/min)，起始区域 1 的交通产生总量为 29(pcu/min)。显然两个度量指标的结果之间存在显著差异。仔细分析可以发现：由于备用能力指标假设 OD 需求结构是固定的，没有考虑实际的 OD 需求分布问题，从而低估了非拥挤 OD 对（1，2）的出行需求。

若假设路段时间函数（6.1）是与流量无关的常数函数，则 Logit 分布模型（6.2）变为固定比例分布，此时区域备用能力与备用能力结果是相同的。因此，两个度量指标的最大差异在于是否考虑路网拥挤效应对 OD 流量分布的影响。与备用能力指标相比，区域备用能力的优点还表现在以下方面。

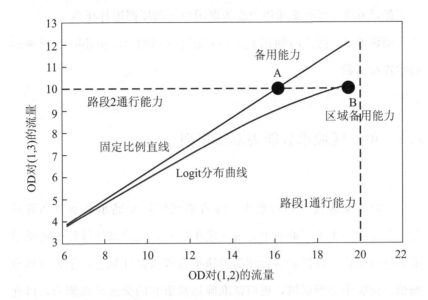

图 6-2　备用能力与区域备用能力比较

第一，备用能力是以 OD 流量作为度量标准，因此需要获取初始 OD 矩阵数据。这在大型路网中是很难实现的。区域备用能力是以交通产生量为度量标准，只需要知道起始区域的交通总量数据。因此区域备用能力更适合大型路网承载能力问题。

第二，备用能力假设 OD 需求结构是固定的，区域备用能力考虑 OD 流量的实际分布问题，所以区域备用能力更适合路网承载能力适应性研究。

第三，区域备用能力是从区域层面考虑路网承载能力的，所以更适合区域交通问题的理论研究。

下面给出模型的基本假设：

假设 6.1　交通用户都采用私家车这一种交通方式出行。虽然在城市路网中存在公交车、私家车和货车等多种车型，但是，除非专门研究多车种问题，一般都将各种车型统一折算为当量车（Passenger Car Unit）进行分析。

假设 6.2　所有交通用户都依据用户均衡原则进行择路。

假设 6.3　路段时间函数 $t_a(\cdot)$ 是可分离的（Seprable）、单调递增的连续函数。

6.2　单一区域承载能力双层模型

在城市交通规划与管理中，经常遇到区域交通承载能力估算问题。当新建一个大型商业中心或住宅小区时，应对该区域的交通承载能力进行估算，以便制定合理的道路扩容或新建计划。对于大型体育场馆、会展中心等区域，更应该准确地知道它的交通承载能力，以便为制定临时交通管制措施提供可靠的理论依据。因此，研究城市路网中单一区域的交通承载能力度量问题是非常有意义的。

考虑一个路网 $G(N,\overline{A})$，其中 N 代表所有起始区域和终讫区域，$\overline{A}$ 是所有路段的集合。令交通流量的起始、终讫区域集合分别为 R，S，研究的目标区域为 $s_0(s_0 \in S)$。设初始 OD 流量为 $\overline{q}_{rs}(r \in R, s \in S)$，则到达目标区域 s_0 的初始 OD 总流量为：

$$\overline{q}_0 = \sum_{r \in R_0} \overline{q}_{rs_0} \tag{6.3}$$

其中 R_0 是以目标区域 s_0 为终讫节点的 OD 对中所有起始节点的集合。定义单一区域的区域备用能力如下：

定义 6.2　单一区域的区域备用能力。

假设路网中其他 OD 对之间的基本需求 $\overline{q}_{rs}(s \neq s_0)$ 保持不变，在一定的 OD 流量分布模式与服务水平条件下，若能到达目标区域 s_0 的最大交通流量为 $\mu\overline{q}_0$，则乘子 μ 就称为区域 s_0 的区域备用能力。

6.2.1 双层模型

下面将区域备用能力作为度量指标构建单一区域承载能力模型。设 OD 对 (r, s_0) 的自由流时间为 $\bar{\tau}_{rs_0}(r \in R_0)$，出行时间服务水平参数为 ρ，则 OD 出行时间约束可表示为：

$$\tau_{rs_0} \leqslant \rho\bar{\tau}_{rs_0}, \ r \in R_0 \tag{6.4}$$

其中 τ_{rs_0} 为实际出行时间。显然有 $\rho \geqslant 1$，且 ρ 的取值越大，服务水平越低。在每个 OD 对 (r, s_0) 之间引入一条虚拟路径 $\tilde{a}$，其行驶阻抗函数为常数函数：$t_{\tilde{a}}(x_{\tilde{a}}) = \rho\bar{\tau}_{rs_0}$。在用户均衡原则下，若虚拟路径 $\tilde{a}$ 上没有流量，则说明其他有流量经过的路径上的出行时间小于或等于 $\rho\bar{\tau}_{rs_0}$。因此只要施加零流约束 $x_{\tilde{a}} = 0$ 就能保证 OD 出行时间要求 (6.4)。

令所有虚拟路段的集合为 A_0，则网络图变为 $G(N, \bar{A} \cup A_0)$。在此变换网络中构建上层模型：

$$\max \mu \tag{6.5}$$

s. t.

$$x_a \leqslant c_a \quad \forall a \in \bar{A}, \tag{6.6}$$

$$x_a = 0 \quad \forall a \in A_0, \tag{6.7}$$

其中变量 μ 是初始区域交通吸引量 $\bar{q}_0$ 的乘子，x_a 是下层用户均衡模型的路段流量解，c_a 是路段 a 的通行能力。不等式 (6.6) 代表路段通行能力约束，而等式 (6.7) 代表 OD 出行时间服务水平要求。

设初始需求 $\bar{q}_{rs}(r \in R, s \in S \setminus \{s_0\})$ 保持不变，为考虑目标区域 s_0 的 OD 需求结构，令 G_r 代表起始区域 $r(r \in R_0)$ 的交通产生能力参数，它和各个起始区域的人口分布、收入水平、私家车拥有量等因素有关。建立下层模型如下：

$$\min \sum_{a \in \bar{A} \cup A_0} \int_0^{x_a} t_a(\omega)\mathrm{d}\omega + \frac{1}{\gamma}\sum_{r \in R_0} q_{rs_0}(\ln q_{rs_0} - 1) - \sum_{r \in R_0} G_r q_{rs_0} \tag{6.8}$$

s. t.

$$\sum_{k \in P_{rs}} f_k^{rs} = \bar{q}_{rs} \quad r \in R, s \in S \setminus \{s_0\}, \tag{6.9}$$

$$\sum_{k \in P_{rs_0}} f_k^{rs_0} = q_{rs_0} \quad r \in R_0, \tag{6.10}$$

$$\sum_{r \in R_0} q_{rs_0} = \mu \bar{q}_0, \tag{6.11}$$

$$f_k^{rs} \geqslant 0 \quad r \in R, s \in S, k \in P_{rs}, \tag{6.12}$$

$$q_{rs_0} \geqslant 0 \quad r \in R_0, \tag{6.13}$$

$$x_a = \sum_{r,s,k} f_k^{rs} \cdot \delta_{a,k}^{rs} \quad a \in \bar{A} \cup A_0, \tag{6.14}$$

其中，变量 x_a, f_k^{rs}, q_{rs_0} 分别代表路段 a 的流量、路径 k 上的路径流量和 OD 对 (r, s_0) 的需求量，$\bar{q}_{rs}$ 是 OD 对 (r,s) 初始流量（$s \neq s_0$），它在模型中是常数，P_{rs}, P_{rs_0} 分别代表连接 OD 对 (r,s) 和 (r,s_0) 的所有路径的集合，γ 是模型的校正参数，μ 是初始 OD 总量 $\bar{q}_0$ 的乘子，即上层模型（6.5）~（6.7）的决策变量，$t_a(\cdot)$ 是路段 a 的时间函数，$\delta_{a,k}^{rs}$ 是路段—路径关联因子，当路段 a 位于路径 k 上，取值为 1，否则为 0。模型参数 G_r 和 γ 都可以由实测数据加以校正。下层模型的一阶最优性条件为：

$$f_k^{rs} \geqslant 0, c_k^{rs} - u_{rs} \geqslant 0, f_k^{rs}(c_k^{rs} - u_{rs}) = 0 \quad k \in P_{rs}, r \in R, s \in S, \tag{6.15}$$

$$\frac{1}{\gamma} \ln q_{rs_0} - G_r + u_{rs_0} - \lambda = 0 \quad r \in R_0, \tag{6.16}$$

其中 u_{rs}，u_{rs_0} 和 λ 分别是等式约束条件（6.9）~（6.11）的 Lagrange 乘子。条件（6.15）恰好说明路径流量满足用户均衡条件。联立等式（6.16）和（6.11）可得 Logit 分布模型：

$$q_{rs_0} = (\mu \bar{q}_0) \frac{e^{-\gamma(u_{rs_0} - G_r)}}{\sum_l e^{-\gamma(u_{ls_0} - G_l)}} \quad r \in R_0. \tag{6.17}$$

这说明到达目标区域 s_0 的 OD 流量 q_{rs_0} 是由 OD 出行时间 u_{rs_0} 和起始节点 r 的交通产生能力 G_r 共同决定的。

6.2.2 启发式算法

在双层模型（6.5）～（6.14）中，由于上层模型只含有一个决策变量 μ，所以可将其作为下层模型的参数，通过逐渐增大此参数来求解下层问题，直至上层约束不满足为止。由此可以得到一个简单的启发式算法如下：

步骤 1 初始化参数，给定初始值 $\mu^{(0)}$ 以及 $\delta > 0$，令 $k = 0$。

步骤 2 以 $\mu^{(k)}$ 为参数求解下层组合问题（6.8）～（6.14），得到路段流 $x_a^{(k)}$ 和 OD 流 $q_{rs_0}^{(k)}$。

步骤 3 判断是否满足上层模型约束条件（6.6）和（6.7），若满足，令 $\mu^{(k+1)} = \delta\mu^{(k)}$，$k = k+1$，转步 1；否则，停止迭代，$\mu^{(k)}$ 就是问题的近似解。

在步骤 1 中，下层组合模型（6.8）～（6.14）类似于含单边约束的运量分布与均衡配流组合模型，可利用两阶段（Double-stage）法[①]进行求解。

6.2.3 数值算例

考虑一个简单的测试网络，如图 6-3 所示，其中包含 5 个区域和 8 个路段，区域 1 代表研究的目标区域。OD 对 (2，1) 和 (5，1) 的初始流量为 50(pcu/min)，则区域 1 的初始 OD 总量为 100(pcu/min)。为简化计算，假设其他 OD 对的基本需求为 0，Logit 模型的校正参数 $\gamma = 1$。路段时间采用 BPR 函数公式（3.17），其输入数据见表 6-1。

---

① SHEFFI Y. Urban Transportation Network: Equilibrium Analysis with Mathematical Programming Methods [M]. New Jersey: Prentice-Hall, 1985.

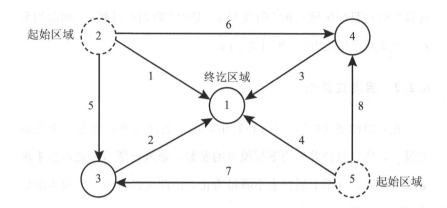

图 6-3　单一区域承载能力测试网络

表 6-1　路段的输入参数

路　　段	1	2	3	4	5	6	7	8
自由流时间（min）	20	10	10	20	10	5	10	10
能力参数 $\bar{c}_a$（pcu/min）	50	50	50	50	50	50	50	50
通行能力 c_a（pcu/min）*	70	70	70	70	70	70	70	70

*$\bar{c}_a$ 代表 BPR 函数（3.17）中的能力参数，c_a 是模型中的路段通行能力。

首先讨论 OD 出行时间约束对区域备用能力的影响。令区域 2 和 5 的交通产生能力 $G_2 = G_5 = 0$。当路网处于自由流状态时，OD 对（2，1）和（5，1）的最小出行时间分别为 15min 和 20min。下面就用此 OD 最小出行时间（15，20）的乘子 ρ 代表出行时间服务水平。显然，当 $\rho = 1$ 时，网络处于自由流状态，区域 1 的承载能力必为 0，表 6-2 列出了不同 OD 出行时间要求下目标区域 1 的承载能力。可以看出，OD 出行时间要求越高（ρ 值越小），区域 1 的区域备用通行能力就越小。特别地，当 ρ 大于 1.6 时，区域备用通行能力保持不变，这是因为部分路段流量已经达到其通行能力，路段通行能力约束起主要作用，OD 出行时间约束（6.7）变为无效约束。此外，从 OD 对

（2，1）和（5，1）的流量结果可以看出，它们之间并没有保持固定的需求结构。

表 6-2　不同 OD 出行时间要求下的区域备用能力

服务水平参数 (ρ)	区域备用能力 (μ)	OD 流量解	
		OD 对(2,1)	OD 对(5,1)
1.1	0.46	44.728 5	1.271 5
1.2	0.60	53.353 8	6.646 2
1.3	0.94	59.483 5	34.516 5
1.4	1.89	109.626 2	79.373 8
1.5	2.22	109.626 2	79.373 8
1.6	2.39	141.939 7	97.060 3
1.7	2.39	141.939 7	97.060 3

附注：$\delta = 0.01$，下层问题的收敛精度为 0.000 5。

下面考虑 OD 需求结构对区域备用能力的影响。在模型中，参数 G_2, G_5 代表了区域 2、5 到达区域 1 的潜在交通需求能力。由公式（6.17）可知，OD 流量的分配只和 G_2, G_5 的相对大小有关，所以可将 $G_2 \sim G_5$ 作为需求结构参数。图 6-4 给出了不同需求结构下的区域备用能力结果。

从图 6-4 可以看出，当参数 $G_2 \sim G_5$ 等于 -8 时，区域 1 的区域备用能力达到最大值（$\mu = 2.34$），这说明区域 1 的承载能力和路网 OD 需求充分适应。这正是交通规划设计者希望达到的理想目标。而当 $G_2 \sim G_5 \geqslant 6$ 时，区域备用能力达到极小值（$\mu = 1.40$），路网承载能力和 OD 需求的适应性是最差的。所以，在交通规划和交通管理中，不仅考虑一个区域通行能力的绝对大小，还要考虑它与需求结构的适应性问题。

−14	1.91
−12	1.92
−10	2.00
−8	2.34
−6	2.29
−4	2.14
−2	2.03
0	1.89
2	1.69
4	1.43
6	1.40
8	1.40
10	1.40

Note:服务水平 $\rho = 1.4$

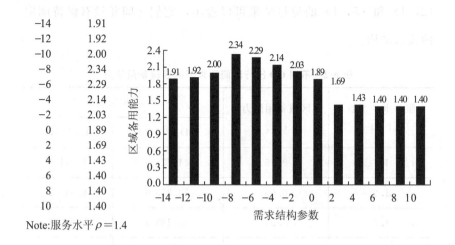

图 6-4 不同需求结构下的区域备用能力

6.3 路网承载能力双层模型

上节讨论了单一区域的承载能力问题，下面将进一步扩展到整个路网，研究整个路网承载能力问题。

定义 6.3 路网的区域备用能力。

设路网中各个起始区域的初始交通产生向量为 $\overline{O} = (\overline{O}_r)_{r \in R}$，在一定的 OD 流量分布模式与服务水平条件下，若整个路网所能承载的最大交通产生总量为 $\mu^T \cdot \overline{O} = \sum_{r \in R} \mu_r \overline{O}_r$，则乘子向量 $\mu = (\mu_r)_{r \in R}$ 就称为路网的区域备用能力。

在定义中，各个起始区域基本交通产生量 $\overline{O}_r$ 的乘子 μ_r 是互不相同的，这就避免了模型求解过程中各个区域交通产生量的相互制约关系，从而能最大限度地获得路网承载能力。

6.3.1 双层模型

首先考虑 OD 流量的具体分布问题。在定义 6.3 中，只给出了各个起始区域的交通产生量 $\mu_r \bar{O}_r$，而未涉及这些交通量的具体分布问题。为同时考虑起始区域交通产生量的实际分布和交通用户的择路行为，采用含单边约束的流量分布与均衡配流组合模型构建下层模型：

$$\min Z(x,q) = \sum_{a \in A} \int_0^{x_a} t_a(\omega) d\omega + \frac{1}{\gamma} \sum_{r,s} q_{rs}(ln\, q_{rs} - 1) - \sum_{r,s} A_s q_{rs} \tag{6.18}$$

s. t.

$$\sum_{k \in P_{rs}} f_k^{rs} = q_{rs} \qquad r \in R, s \in S \tag{6.19}$$

$$\sum_s q_{rs} = \mu_r \bar{O}_r \qquad r \in R \tag{6.20}$$

$$f_k^{rs} \geqslant 0 \quad r \in R, s \in S, k \in P_{rs} \tag{6.21}$$

$$x_a = \sum_{r,s,k} f_k^{rs} \cdot \delta_{a,k}^{rs} \qquad a \in A \tag{6.22}$$

其中，变量 x_a、f_k^{rs} 和 q_{rs} 分别代表路段流量、路径流量和 OD 流量，向量 x 和 q 分别代表由路段流 x_a 和 OD 流 q_{rs} 构成的向量。μ_r 代表起始区域 r 基本交通产生量 $\bar{O}_r$ 的乘子，γ 为模型的校正参数，A_s 是终讫区域 s 的交通吸引测度，它是由各个终讫区域的土地利用形态、经济发展水平、人口数量和私家车拥有量等综合因素决定的。约束 (6.19) 代表路径流量与 OD 流量的守恒关系，约束 (6.20) 代表 OD 流量与起始区域交通产生量的守恒关系，约束 (6.21) 是路径流量非负要求，约束 (6.22) 是路段流与路径流守恒关系。

在此指出，由假设 6.3 可知，路段阻抗函数 $t_a(\cdot)$ 是严格单调递增的、可分离的连续函数，这就保证了目标函数 $Z(x,q)$ 是凸函数，又因为约束条件 (6.19)~(6.22) 是线性的，所以模型 (6.18)~(6.22) 是一个凸规划问题，因此有唯一的路段流量解与 OD 流量解。

设约束（6.19）和（6.20）对应的乘子分别为 u_{rs}、λ_r，构造模型（6.18）～（6.22）的 Lagrange 函数：

$$L(x_a, q_{rs}, u_{rs}, \lambda_r) = Z(x, q) + \sum_{r,s} u_{rs}\left(q_{rs} - \sum_{k \in P_{rs}} f_k^{rs}\right) + \sum_r \lambda_r\left(\mu_r \bar{O}_r - \sum_s q_{rs}\right)$$

(6.23)

对函数（6.23）关于路径流 f_k^{rs}、OD 流 q_{rs} 求导，并注意到非负约束（6.21），可得一阶最优性条件：

$$f_k^{rs} \geqslant 0, \ c_k^{rs} - u_{rs} \geqslant 0, \ f_k^{rs}(c_k^{rs} - u_{rs}) = 0 \qquad r \in R, s \in S, k \in P_{rs}$$

(6.24)

$$\frac{1}{\gamma}\ln q_{rs} - A_s + u_{rs} - \lambda_r = 0 \qquad r \in R, s \in S \qquad (6.25)$$

其中，c_k^{rs} 代表 OD 对 (r,s) 中路径 k 的出行时间。条件（6.24）说明若连接 OD 对 (r,s) 的路径 k 上有流量经过（$f_k^{rs} > 0$），其出行时间 c_k^{rs} 必然等于 u_{rs}，若无流量经过，出行时间 c_k^{rs} 必然大于或等于 u_{rs}。这恰好说明模型（6.18）～（6.22）的最优解满足用户均衡条件，并且 Lagrange 乘子 u_{rs} 代表了 OD 对 (r,s) 的最短出行时间。由条件（6.25）和约束（6.20）可得如下的 Logit 选择模型：

$$q_{rs} = (\mu_r \bar{O}_r)\frac{e^{-\gamma(u_{rs} - A_s)}}{\sum_l e^{-\gamma(u_{rl} - A_l)}} \qquad r \in R \ s \in S \qquad (6.26)$$

此式说明起始区域 r 的交通量 $\mu_r \bar{O}_r$ 的分配是由各个终讫区域的交通吸引能力 A_s 和 OD 对出行时间 u_{rs} 共同决定的。因此，下层模型（6.18）～（6.22）充分考虑了 OD 流量的实际分布问题。

下面构建上层模型，首先考虑出行时间服务水平要求。设自由流状态下 OD 对 (r,s) 的最短出行时间为 $\bar{u}_{rs}$，由于下层模型（6.18）～（6.22）中的 Lagrange 乘子 u_{rs} 代表了 OD 对 (r,s) 的实际最短出行时间，因此 OD 出行时间服务水平要求可表示为：

$$u_{rs} \leqslant \rho \bar{u}_{rs} \ r \in R, s \in S$$

其中，ρ 代表可接受的出行时间服务水平参数，显然有 $\rho \geqslant 1$，并且 ρ 值越大，OD 出行时间服务水平越低。基于此，构建上层模型如下：

$$\max \sum_{r \in R} \mu_r \bar{O}_r \tag{6.27}$$

s. t.

$$\mu_r \geqslant \bar{\mu}_r \qquad r \in R \tag{6.28}$$

$$x_a \leqslant c_a \qquad a \in A \tag{6.29}$$

$$u_{rs} \leqslant \rho \bar{u}_{rs} \qquad r \in R, s \in S \tag{6.30}$$

其中，目标函数（6.27）是对路网中各个起始区域交通产生总量求极大，$\bar{\mu}_r$ 是区域 r 交通产生量的最小乘子，条件（6.28）是起始区域的最小交通产生量限制，条件（6.29）是路段通行能力约束，条件（6.30）代表 OD 出行时间服务水平要求。

至此，已经得到了区域备用能力的双层规划模型（6.18）～（6.22）和（6.27）～（6.30）。上层模型是对路网中起始区域交通产生总量求极大，同时考虑到路段通行能力和特定的出行时间服务水平约束条件。下层模型对交通产生量按 Logit 选择模型进行合理分配，同时交通用户依照用户均衡原则进行择路。该模型综合考虑了路网中的 OD 流量分布、系统出行时间服务水平和交通用户的择路行为，因此是一个较为系统、全面的路网承载能力模型。

6.3.2 运量分布与均衡配流组合问题灵敏度分析

将下层模型（6.18）～（6.22）改写为含单边约束的运量分布与均衡配流组合问题的一般形式：

$$\min Z(x, q) = \sum_{a \in A} \int_0^{x_a} t_a(\omega) \mathrm{d}\omega + \frac{1}{\gamma} \sum_{r, s} q_{rs} (\ln q_{rs} - 1) - \sum_{r, s} A_s q_{rs}$$

$$\tag{6.31}$$

s. t.

$$\sum_{k \in P_{rs}} f_k^{rs} = q_{rs} \qquad r \in R, s \in S \qquad (6.32)$$

$$\sum_{s} q_{rs} = O_r \qquad r \in R \qquad (6.33)$$

$$f_k^{rs} \geqslant 0 \qquad r \in R, s \in S, k \in P_{rs} \qquad (6.34)$$

$$x_a = \sum_{r,s,k} f_k^{rs} \cdot \delta_{a,k}^{rs} \qquad a \in A \qquad (6.35)$$

为讨论方便，将模型表达为向量形式：

$$\min Z(x, q) \qquad (6.36)$$

s. t.

$$\Lambda f = q \qquad (6.37)$$

$$\Gamma q = O \qquad (6.38)$$

$$f \geqslant 0 \qquad (6.39)$$

$$x = \Delta f \qquad (6.40)$$

其中，符号 x、f、q、O 分别表示路段流 x_a、路径流 f_k^{rs}、OD 需求量 q_{rs} 和起始区域交通产生量 O_r 所对应的向量。$\Delta = (\delta_{a,k}^{rs})_{r,s,a,k}$ 为路段与路径关联矩阵。$\Lambda = (\xi_k^{rs})_{r,s,k}$ 为 OD 与路径关联矩阵，其中矩阵元素 ξ_k^{rs} 为 OD 与路径关联因子，若路径 k 是连接 O—D 对 (r,s) 的，取 $\xi_k^{rs} = 1$，否则为 0。$\Gamma = (\zeta_z^{rs})_{r,s,z}$ 为起始区域与 OD 的关联矩阵，其中矩阵元素 ζ_z^{rs} 为起始区域与 OD 关联因子，若 OD 对 (r,s) 的起始区域为 z，取 $\zeta_z^{rs} = 1$，否则为 0。

记约束集合为：

$$\Omega = \{(x, q) \mid \Lambda f = q, \Gamma q = O, f \geqslant 0, x = \Delta f\}$$

显然 Ω 是一个闭凸集。再令：

$$T(x) = (t_a(x_a))_{a \in A}, \quad H(q) = \left(\frac{1}{\gamma} \ln q_{rs} - A_s\right)_{r \in R, s \in S}$$

根据数学规划问题与变分不等式问题的等价关系[①]，问题（6.36）～（6.40）等价于变分不等式问题：求解（x^*, q^*），使得：

$$T(x^*)^T(x-x^*) + H(q^*)^T(q-q^*) \geqslant 0, \ \forall (x,q) \in \Omega$$

$$(6.41)$$

其中，上标 T 代表向量的转置。无妨假设扰动变量在路段阻抗函数和OD需求函数上，即：

$$T = T(x,\varepsilon), \ q = q(u,\varepsilon)$$

根据变分不等式问题灵敏度分析方法[②]，构造模型（6.36）～（6.40）的 Lagrange 函数：

$$L(x,q,u,\pi,\lambda,\varepsilon) = Z(x,q,\varepsilon) - \pi^T f - u^T[\Lambda f - q(u,\varepsilon)] - \lambda^T[\Gamma q(u,\varepsilon) - O]$$

$$(6.42)$$

由 $Z(x,q)$ 的表达式和路段路径关联公式（6.40）可知：

$$\nabla_f Z(x,q,\varepsilon) = \Delta^T t(x,\varepsilon)$$

其中 ∇ 是多元函数的梯度（导数）符号。

令 $\varepsilon = 0$，设问题（6.36）～（6.40）的解为 $x^*, f^*, q^*, u^*, \pi^*$, λ^*，它满足变分不等式问题（6.41）的广义 $K-K-T$ 条件：

$$\nabla_f L = \Delta^T t(x^*, 0) - \pi^* - \Lambda^T u^* = 0 \qquad (6.43)$$

$$\nabla_u L = \Lambda f^* - q(u^*, 0) = 0 \qquad (6.44)$$

$$\nabla_q L = H(q^*) - \Gamma^T \lambda^* = 0 \qquad (6.45)$$

$$\nabla_\lambda L = \Gamma q(u^*, \varepsilon) - O = 0 \qquad (6.46)$$

$$\pi^{*T} f^* = 0 \qquad (6.47)$$

$$\pi^* \geqslant 0, f^* \geqslant 0 \qquad (6.48)$$

---

① PATRIKSSON M. The Traffic Assignment Problems: Models and Methods, Linkoping [D]. Sweden: Linkoping Institute of Technology, 1994.

② TOBIN R L, "Sensitivity analysis for variational inequalities", Journal of Optimization Theory and Application, Vol. 48, No. 1, 1986.

由等式（6.45）和（6.46）可知需求函数满足 Logit 分配模式：

$$q_{rs}^* = O_r \frac{\exp[-\gamma(u_{rs}^* - A_s)]}{\sum_l \exp[-\gamma(u_{rl}^* - A_l)]} \quad \forall r,s$$

改写为向量形式：

$$q^* = q(u^*, 0) = P(u^*)O \qquad (6.49)$$

其中：

$$P(u^*) = \left\{ \frac{\exp[-\gamma(u_{rs}^* - A_s)]}{\sum_l \exp[-\gamma(u_{rl}^* - A_l)]} \right\}_{rs \times r}$$

在数学规划问题（6.36）～（6.40）中，若路段阻抗函数 $t_a(\cdot)$ 是严格递增的连续函数，则路段流量解 x^* 和 OD 需求量 q^* 都是唯一的。但路径流量解 f^* 不一定是唯一的，因此无法直接应用变分不等式问题的灵敏度分析方法。为此，在闭凸集：

$$\Psi^* = \{f \mid \Delta f = q^*, \Gamma q^* = O, f \geqslant 0, x^* = \Delta f\}$$

中任取一个非退化的极点 f_0^*，相应地，路段与路径、OD 与路径关联矩阵 Δ, Λ 简化为 Δ_0, Λ_0，路径流量所对应的 Lagrange 乘子 π^* 变为 π_0^*。由于此时的路径流量 $f_0^* > 0$，根据互补条件（6.47）～（6.48）有：$\pi_0^* = 0$。此时广义 K－K－T 条件（6.43）～（6.48）简化为：

$$\Delta_0^T t(x^*, 0) - \Lambda_0^T u^* = 0 \qquad (6.50)$$

$$\Lambda_0 f^* - q(u^*, 0) = 0 \qquad (6.51)$$

其中 $q(u^*, 0)$ 由公式（6.49）确定。方程组（6.50）～（6.51）的关于路径流和 OD 行驶阻抗的 Jacobi 矩阵为：

$$J_{f,u} = \begin{bmatrix} \Delta_0^T \nabla_x t(x^*, 0)\Delta_0 & -\Lambda_0^T \\ \Lambda_0 & -\nabla_u q(u^*, 0) \end{bmatrix} \quad J_\varepsilon = \begin{bmatrix} \Delta_0^T \nabla_\varepsilon t(x^*, 0) \\ -\nabla_\varepsilon q(u^*, 0) \end{bmatrix}$$

其中：

$$\nabla_u q = \nabla_u p(u)O$$

特别指出，在固定需求 UE 问题中需求量 q 是常数，因此 OD 需求关于 OD 行驶阻抗 u 的 Jacobi 矩阵 $\nabla_u q$ 为 0。在弹性需求 UE 问题中，OD 需求量 q_{rs} 只和自己的 OD 行使阻抗 u_{rs} 有关，与其他 OD 对的行驶阻抗无关，因此 $\nabla_u q$ 是一个对角矩阵。而在运量分布与均衡配流组合问题（6.31－6.35）中，虽然并未给出明显的需求函数，但可以通过其广义 K－K－T 条件可以得到 OD 需求分配模式（6.49）。由于 OD 需求 q_{rs} 是与所有起始区域为 r 的 OD 对的行使阻抗都有关，所以 $\nabla_u q$ 是一个分块对角矩阵。

由隐函数存在定理可知：

$$\begin{bmatrix} \nabla_\varepsilon f \\ \nabla_\varepsilon u \end{bmatrix} = - J_{f,u}^{-1} \cdot J_\varepsilon \tag{6.52}$$

令：

$$J_{f,u}^{-1} = \begin{bmatrix} B_{11} & B_{12} \\ B_{21} & B_{22} \end{bmatrix}$$

经简单计算得：

$$B_{22} = \{ \Lambda_0 [\Delta_0^T \nabla_x t(x^*,0)\Delta_0]^{-1} \Lambda_0^T - \nabla_u q(u^*,0) \}^{-1}$$

$$B_{12} = [\Delta_0^T \nabla_x t(x,0)\Delta_0]^{-1} \Lambda_0^T B_{22}$$

$$B_{21} = -(B_{12})^T$$

$$B_{11} = [\Delta_0^T \nabla_x t(x^*,0)\Delta_0]^{-1}[I + \Lambda_0^T B_{21}]$$

因此（6.52）式变为：

$$\nabla_\varepsilon f = -B_{11}\Delta_0^T \nabla_\varepsilon t(x^*,0) + B_{12} \nabla_\varepsilon q(u^*,0) \tag{6.53}$$

$$\nabla_\varepsilon u = -B_{21}\Delta_0^T \nabla_\varepsilon t(x^*,0) + B_{22} \nabla_\varepsilon q(u^*,0) \tag{6.54}$$

根据路段和路径流量关系（6.40）可知：$\nabla_\varepsilon x = \Delta_0 \nabla_\varepsilon f$，因此根据公

式（6.53）可知：

$$\nabla_\varepsilon x = -\Delta_0 B_{11}\Delta_0^T \nabla_\varepsilon t(x^*,0) + \Delta_0 B_{12}\nabla_\varepsilon q(u^*,0) \qquad (6.55)$$

由复合函数链导法则可知：

$$\nabla_\varepsilon q = \nabla_\varepsilon q(u^*,0) + \nabla_u q(u^*,0)\nabla_\varepsilon u \qquad (6.56)$$

特别要注意，上式中 $\nabla_\varepsilon q(u^*,0)$ 表示表示需求函数关于扰动参数 ε 的偏导数，而 $\nabla_\varepsilon q$ 表示需求函数关于扰动参数 ε 的全微分。

至此，得到了单边约束运量分布与均衡配流组合问题的灵敏度分析结果（6.53）～（6.56）。实际应用中扰动参数 ε 可以是路段通行能力 c_a，也可以是其他参数，根据扰动参数的不同，该灵敏度分析公式还可以进一步简化。

6.3.3 基于灵敏度分析的启发式算法

因为双层规划问题一般都是非线性（Nonlinear）、非凸的（Non-convex），所以很难利用数学规划问题的经典算法进行求解。现有的求解算法主要包括两类：数值优化算法和非数值优化算法。数值优化算法的主要思想是对下层模型进行线性近似，将双层模型转化为一系列单层模型，通过反复迭代进行求解。此类方法计算效率较高，但都属于启发式算法，只能获得问题的局部最优解。非数值优化算法主要包括遗传（Genetic）算法、模拟退火（Simulation Annealing）算法、神经网络（Neural Network）算法和禁忌搜索（Taboo Search）技术等，此类算法在理论上可以获得全局最优解，但存在计算效率相对较低、算法参数难于标定等实际应用问题。

基于灵敏度分析的启发式算法是一类非常重要的数值优化算法，其基本思想是：获取下层模型决策变量的导数信息，将其做线性化处理，进而将双层模型转化为单层模型进行迭代求解。此类算法的关键是构造下层配流问题的灵敏度分析方法。迄今为止，许多学者都对用户均衡配流问题灵敏度分析进行了研究，Tobin 和 Smith[①]利用变分不等式相关理论，给出固定需求条件下用户均衡配流问题的灵敏度分析方法。Yang 等[②]将此方法扩展到弹性需求和含路段能力约束条件下的用户均衡问题。

下面采用基于灵敏度分析的启发式算法求解双层模型（6.18）～（6.22）和（6.27）～（6.30）。首先给定初始可行解 $\mu^{(0)} = (\mu_r^{(0)})_{r \in R}$，将其作为下层模型的参数求解下层问题（6.18）～（6.22），得到均衡路段流量解 $x^{(0)} = (x_a^{(0)})_{a \in A}$、OD 流量解 $q^{(0)} = (q_{rs}^{(0)})_{r \in R, s \in S}$ 和 OD 出行时间 $u^{(0)} = (u_{rs}^{(0)})_{r \in R, s \in S}$。然后利用运量分布与交通配流组合问题灵敏度分析公式（6.54）～（6.56），得到路段流 x 和 OD 出行时间 u 关于参数 μ 的导数表达式 $\nabla_\mu x$ 和 $\nabla_\mu u$，进而对下层问题做一阶线性近似：

$$u \approx u^{(0)} + \nabla_\mu u(\mu - \mu^{(0)}) \qquad x \approx x^{(0)} + \nabla_\mu x(\mu - \mu^{(0)})$$

$$(6.57)$$

将此线性关系式带入上层模型（6.27）～（6.30）的约束条件中，上层模型变为只含变量 μ 的线性规划问题，可直接利用求解线性规划的单纯形法进行求解，得到最优解 $\mu^{(1)}$。将其作为参数重新求解下层问题，重复以上步骤，直至满足指定的收敛准则。由此可以得到求解双层模型（6.18）～（6.22）和（6.27）～（6.30）的启发式算法如下：

步骤 0 初始化，给定初始值 $\mu^{(0)}$，终止误差 ε，令 $k = 0$。

步骤 1 将 $\mu^{(k)}$ 带入下层组合问题（6.18）～（6.22）并求解，得到路段流量 $x^{(k)}$、OD 流量 $q^{(k)}$ 和 OD 出行时间 $u^{(k)}$。

---

① TOBIN R L，FRIESZ T L. Sensitivity analysis for equilibrium network flow [J]. Transportation Science，Vol. 22，No. 4，1988.

② YANG H. Sensitivity analysis for queuing equilibrium network flow and its application to traffic control [J]. Mathematical and Computer Modelling，Vol. 22，1995.

步骤 2 利用运量分布与交通配流组合问题灵敏度分析方法 (6.54)～(6.56) 求解 $\nabla_\mu x$ 和 $\nabla_\mu u$。

步骤 3 根据公式（6.57）对下层变量做一阶线性近似，并带入上层问题 (6.27)～(6.30)，求解相应的线性规划问题得到辅助变量 $y^{(k)}$。

步骤 4 求步长因子 α_k。

步骤 5 更新迭代点：$\mu^{(k+1)} = \mu^{(k)} + \alpha_k (y^{(k)} - \mu^{(k)})$。

步骤 6 判断是否满足收敛准则 $|\mu^{(k+1)} - \mu^{(k)}| < \varepsilon$，若满足，停止迭代，得到近似解 $\mu^{(k+1)}$；否则令 $k = k+1$，转步骤 1。

由于下层模型（6.18）～（6.22）是标准的流量分布与均衡配流组合问题，可以用两阶段法进行求解。在步骤 4 中，步长因子 α_k 可由一维搜索得到，但是需要频繁计算上层模型的目标函数，而每次计算都需要求解下层模型。为减少计算量，可采用预定步长方法，一般形式为：

$$\alpha_k = \frac{\beta_2}{(1+k)^{\beta_1}}$$

其中 β_1, β_2 是调节参数（$\beta_1 > 0, \beta_2 \geq 1$）。最简单形式可取 $\alpha_k = \dfrac{1}{k+1}$。

6.3.4 数值算例

考虑图 6-5 中的测试网络，它包含 5 个节点和 7 个路段，设节点 1、2 代表交通流量起始区域，节点 4，5 是终讫区域。OD 对分别为 (1，4)、(1，5)、(2，4) 和 (2，5)。起始区域 1，2 的基本交通产生量为 $\bar{O}_1 = \bar{O}_2 = 100\,(\text{pcu/min})$。不失一般性，令下层模型（6.18）～（6.22）的参数 $\gamma = 1$，区域 4 和 5 的吸引测度 $A_4 = A_5 = 0$。各个路段参数的输入数据见表 6-3。

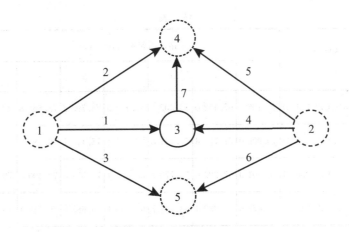

图 6-5 路网承载能力测试网络

表 6-3 路段阻抗函数及其输入参数

路段标号	1	2	3	4	5	6	7
零流时间 t_a^0	1	4	5	2	5	5	3
能力参数 $\bar{c}_a$	50	50	50	50	50	50	50
* 通行能力 c_a	$c_a = 1.6\bar{c}_a$						
BPR 阻抗函数	$t_a(x_a) = t_a^0[1 + 0.5(x_a/\bar{c}_a)^2]$						

*$\bar{c}_a$ 是 BPR 函数中的能力参数，c_a 是模型约束（6.29）中路段通行能力。

下面采用灵敏度分析算法计算区域备用能力。令上层模型 (6.27)~(6.30) 中的参数分别为：$\bar{\mu} = (1,1)^T$、$\rho = 2$、终止误差 $\varepsilon = 0.005$。迭代步长采用预定步长 $\alpha_k = \dfrac{1}{k+1}$。取初始解为 $\mu^{(0)} = (1,1)^T$，表 6-4 给出了不同迭代次数下的计算结果。

表 6-4 不同迭代步下的计算结果

迭代次数	区域备用能力 μ	路段流量解/pcu·min^{-1}						
		x_1	x_2	x_3	x_4	x_5	x_6	x_7
1	(1,1)	25.958 4	41.982 9	32.058 8	20.291 4	38.017 4	41.691 2	46.249 7

续 表

迭代次数	区域备用能力 μ	路段流量解/pcu·min⁻¹						
		x_1	x_2	x_3	x_4	x_5	x_6	x_7
2	(1.319 6,2.211 8)	11.105 2	67.452 0	53.402 7	67.713 5	74.795 2	78.668 8	78.818 7
3	(1.324 9,2.228 6)	10.996 0	67.773 6	53.721 8	68.551 4	75.115 7	79.188 8	79.547 4
4	(1.323 9,2.236 3)	10.791 9	67.823 0	53.773 7	68.899 4	75.334 0	79.400 3	79.691 3
5	(1.323 1,2.240 7)	10.677 6	67.839 4	53.791 7	68.869 1	75.683 8	79.519 4	79.546 7

从表 6-4 可以看出，利用灵敏度分析方法求解的收敛速度是非常快的，当迭代到第 5 步时，已基本满足收敛准则要求。此时区域 1、2 的最大交通产生量分别为 132.31 和 224.07（pcu/min）。相应的 OD 流量分别为：

$$q = (q_{14}, q_{15}, q_{24}, q_{25})^T = (78.517\ 0, 53.791\ 7, 144.552\ 9, 79.519\ 4)^T$$

下面通过取不同的初始值 $\mu^{(0)}$ 进行计算，结果见表 6-5。不同初始值下收敛速度都很快，并且都收敛到同一最优解。但是需要指出，本算例虽然都收敛至同一最优解，但并不能说明该启发式算法能得到全局最优解。一般情况下只能期望得到问题的一个局部最优解。这是由双层模型的非线性、非凸性以及启发式算法的特点所决定的。

表 6-5　不同初始值下的计算结果

初始值 $\mu^{(0)}$	(1.3,2.2)	(1.0,1.0)	(1.5,2.5)	(1.7,2.7)	(2.0,3.0)
迭代次数	4	5	8	12	19
μ_1^*	1.319 3	1.323 1	1.336 8	1.352 8	1.377 2
μ_2^*	2.252 5	2.240 7	2.278	2.294 5	2.318 6

下面考虑不同出行时间服务水平下的路网承载能力。在上层模型 (6.27)～(6.30) 中，参数 ρ 代表了路网的 OD 出行时间服务水平。当

$\rho = 1$ 时，路网处于自由流状态，此时的路网承载能力必为 0。图 6-6 给出了不同 ρ 值下的区域备用能力的结果。

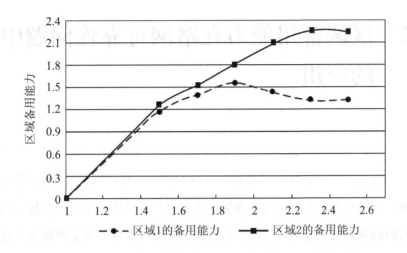

图 6-6 不同出行时间服务水平下的区域备用能力结果

从图 6-6 中可以看出，总体上 OD 出行时间服务水平要求越高（ρ 越小）时，路网的承载能力越小，这与道路通行能力问题是非常类似的。当出行时间服务水平要求过低（$\rho \geqslant 2.3$）时，路网承载能力主要受路段通行能力的制约，而 OD 出行时间约束失效，所以区域备用能力保持不变。需要注意的是，当 $\rho > 1.9$ 时，虽然区域 1 的区域备用能力出现了轻微的下降，但区域 2 的区域备用能力始终是增加的，并且整个路网的承载能力也是增加的。

7 区域备用能力在路网可靠性问题中的应用

交通网络可靠性的研究始于 20 世纪 80 年代，经过 30 多年的发展，已经取得了大量的研究成果。学者们先后提出了连通可靠度、出行时间可靠度、能力可靠度、出行需求满意可靠度等可靠性指标，这些指标从不同侧面对交通网络可靠性进行了刻画和度量，为城市交通可靠性管理工作提供了重要理论支撑。

从交通规划和管理的角度看，交通网络可靠性研究应趋向于系统性、普适性与实用性。首先，应建立一个较为系统化的指标反映交通网络的总体运行状态。在以往研究中，无论是连通性，还是出行时间和通行能力，都很难反映交通网络的整体性能。为此，Yang 等[①]通过在备用能力模型中引入 OD 时间约束，综合考虑了交通网络出行时间和能力可靠性问题。其次，交通网络可靠性研究应考虑各种不确定性因素，度量指标应具有普适性。在理论分析中，交通网络不确定性因素大致可为两类：通行能力退化和出行需求波动。通行能力退化主要是由反常天气、交通事故、信号灯失灵、违章驾驶和道路维修等因素导致的。出行需求波动主要是由反常天气、节假日、大型社会活动（体育、商业等）和交通管制等因素引起的。在交通可靠性研究方法

① YANG H, LO H K, TANG W H. Travel time versus capacity reliability of a road network [C]. The 79th Annual Meeting of the Transportation Research Board, Washington D. C, 2000.

中，出行时间可靠度可以有效地分析通行能力退化和出行需求波动这两种情形下的交通网络可靠性问题。但是能力可靠度指标却很难研究出行需求波动情形的交通网络可靠性问题。究其原因，这主要是由于采用备用能力作为路网能力的度量指标引起的。最后，交通网络可靠性研究应注重度量方法的实用性。科学研究的最终目的是应用于实践、指导实践。因此在交通网络可靠性研究中，应对原始数据的获取难易程度、模型参数的校正方法、计算效率的高低等关键因素予以重点考虑。

本章利用区域备用能力作为交通网络的综合性能指标，提出了区域备用能力可靠度的概念。该度量指标综合考虑了出行时间和通行能力可靠性问题，并能有效地分析路段通行能力退化和 OD 需求波动情形下的路网承载能力可靠性问题。作为区域备用能力模型的具体应用，一方面说明区域备用能力概念和模型的优点；另一方面，也为交通网络系统可靠性研究提供一定的借鉴作用。

7.1　路网承载能力的度量

在区域承载能力的定义中，定义 6.1 考虑相同乘子情形，定义 6.3 考虑不同乘子情形。为研究方便，这里采用定义 6.1 作为路网承载能力的度量指标。

考虑一个路网 $G(N,\overline{A})$，其中 N 代表所有起始区域和终讫区域，$\overline{A}$ 是所有路段的集合。令 $\overline{u}_{rs}$ 是 OD 对 (r,s) 的自由流时间，ρ 代表 OD 出行时间服务水平参数，则 OD 出行时间约束可表示为

$$u_{rs} \leqslant \rho\overline{u}_{rs} \qquad r \in R, s \in S \tag{7.1}$$

其中 u_{rs} 代表实际的 OD 出行时间。可采用网络变换法间接施加此 OD

出行时间约束。如图 7-1 所示，为每个 OD 对 (r, s) 增加一条虚拟路段，其时间函数为常数：

$$t_{\tilde{a}}(x_{\tilde{a}}) = \rho\bar{u}_{rs} \tag{7.2}$$

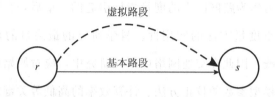

图 7-1 网络变换

由上章分析可知，施加虚拟路段零流约束：

$$x_{\tilde{a}} = 0 \tag{7.3}$$

等价于 OD 出行时间约束 (7.1)。令所有虚拟路段集合为 $\widetilde{A}$，则变换后的网络为 $G(N, \overline{A} \cup \widetilde{A})$。在变换网络中构建区域备用能力双层模型，其中上层模型为：

$$\max \mu \tag{7.4}$$

s. t.

$$x_a \leqslant c_a \qquad a \in \overline{A} \tag{7.5}$$

$$x_a = 0 \qquad a \in \widetilde{A} \tag{7.6}$$

其中 μ 代表所有区域交通产生量的乘子，x_a 是均衡路段流量解。下层模型为：

$$\min \sum_{a \in A} \int_0^{x_a} t_a(\omega)\mathrm{d}\omega + \frac{1}{\gamma}\sum_{rs} q_{rs}(\ln q_{rs} - 1) - \sum_{rs} A_s q_{rs} \tag{7.7}$$

s. t.

$$\sum_{k \in P_{rs}} f_k^{rs} = q_{rs} \qquad \forall r, s \tag{7.8}$$

$$\sum_s q_{rs} = {}_{\mu}\bar{O}_r \qquad \forall r \tag{7.9}$$

$$f_k^{rs} \geqslant 0 \qquad \forall r, s, k \tag{7.10}$$

$$q_{rs} \geqslant 0 \qquad \forall r, s \qquad\qquad (7.11)$$

$$x_a = \sum_{r,s,k} f_k^{rs} \cdot \delta_{a,k}^{rs} \qquad \forall a \qquad\qquad (7.12)$$

模型（7.7）～（7.12）与上章模型（6.18）～（6.22）的符号相同，模型的具体讨论从略。

7.2　承载能力可靠度的定义

在城市路网中，引起通行能力退化的因素可分为两类：自然因素和人为因素。自然因素包括地震、海啸等恶性自然灾害，也包括反常天气（暴风雪、大雾等）、信号灯失灵、交通设施损坏等。人为因素主要有交通事故、违章驾驶、路面维护等。在理论分析中，一般用随机变量 C_a 来表示路段通行能力的随机退化。对于出行需求波动问题，又可细分为需求量波动和需求结构波动。需求量的剧烈波动会恶化一个区域乃至整个路网的服务水平，许多学者对此情形下的出行时间可靠性问题进行了深入研究。需求结构变化同样会影响路网承载能力水平。从适应性角度看，城市交通拥堵问题不仅是由于需求量的波动引起的，更多的是由于交通需求结构的变动导致的。在模型中，各个终讫区域的交通吸引能力参数 A_s 是决定路网 OD 需求结构的关键参数，因此可用随机变量 A_s 代表路网 OD 需求结构变动。

在随机路网中定义承载能力可靠度（Loading capacity reliability）如下：

定义 7.1　承载能力可靠度。

在随机路网中，基于特定的系统服务水平，交通网络能够满足预定承载能力水平的概率。

下面仍用 OD 出行时间度量路网系统的服务水平。设 $\bar{\mu}$ 为随机路网中预定的承载能力水平，μ 为实际承载能力，ρ 为 OD 出行时间服务水平参数，则承载能力可靠度可表示为：

$$R(\bar{\mu},\rho) = \Pr(\mu \geqslant \bar{\mu}, u_{rs} \leqslant \rho \bar{u}_{rs}, \forall r \in R, \forall s \in S) \quad (7.13)$$

其中符号 $\Pr(\bullet)$ 表示求概率。特别地，预定的承载能力水平或服务水平过高时（$\bar{\mu} \to +\infty, \rho \to 1$），路网承载能力可靠度 $R(\bar{\mu},\rho) = 0$。相反地，预定的承载能力水平或服务水平过低（$\bar{\mu} \to 0$ 或 $\rho \to +\infty$）时，路网系统的可靠性 $R(\bar{\mu},\rho) = 100\%$。在定义（7.13）中，考虑两种特殊情形：

（1）不考虑路网承载能力水平（$\mu = \bar{\mu}$），只考虑 OD 出行时间服务水平，公式（7.13）变为：

$$R(\bar{\mu},\rho) = \Pr(u_{rs} \leqslant \rho \bar{u}_{rs}, \forall r \in R, \forall s \in S) \quad (7.14)$$

这正是 Asakura 等[①]提出的出行时间可靠度的概念。

（2）不考虑 OD 出行时间服务水平（ρ 取值充分大）、只考虑路网承载能力，公式（7.13）变为：

$$R(\bar{\mu},\rho) = \Pr(\mu \geqslant \bar{\mu}) \quad (7.15)$$

这正是 Chen 等[②]提出的能力可靠度的概念。

因此，承载能力可靠度综合考虑了出行时间可靠度和通行能力可靠度的概念，是一个全面、系统的交通网络可靠性指标。由于承载能力模型（7.4）～（7.12）考虑了 OD 需求分布问题，因此该度量指标可以有效地分析需求变动条件下的路网能力可靠性问题。

---

① Asakura Y., Kashiwadani M.. Road network reliability caused by daily fluctuation of traffic flow [J]. European Transport, Highways & Planning, Vol. 19, 1991.

② CHEN A, YANG H, LO H K, et al.. A capacity related reliability for transportation network [J]. Journal of Advanced Transportation, Vol. 33, 1999.

7.3 Monte-Carlo 模拟算法

Monte-Carlo 模拟是一种常用的模拟方法。随机变量发生器（RVG）是整个模拟的核心。若随机变量是相互独立的，它的样本点可由 MATLAB 等软件直接生成。在城市路网中，路段通行能力的退化并不是独立的。例如，反常天气条件下各个路段的通行能力会同时下降。另一方面，交通出行需求的变动也是相互关联的。例如，当举办大型商业活动或体育赛事时，到达该区域的各个 OD 对的交通流量会同时增加。因此，在路网承载能力可靠性模拟中生成统计相关的样本点是较为合理的。

下面借鉴 Chen[①] 的方法进行模拟计算。首先，利用 Chang 等[②]提出的相关系数矩阵正交分解法获取统计相关的样本点，具体步骤如下：

步骤 1 设随机向量 X 服从正态分布 $X \sim N(\overline{X}, \Sigma)$，$\overline{X}$ 为均值向量，Σ 是相关系数矩阵。

步骤 2 将矩阵 Σ 进行特征值分解：$\Sigma = VD V^T$，其中 D 是 Σ 的所有特征值构成的对角阵，V 是相应的特征向量构成的正交矩阵。

步骤 3 模拟产生均值为 0、方差为 $Var(X)$ 的正态随机向量的独立样本点：$Y = (Y_1, Y_2, \cdots Y_a)^T$。

步骤 4 令 $X = \overline{X} + VD^{1/2}Y$，则 X 就是统计相关正态样本点。

利用该方法对路段通行能力 C_a 和需求结构参数 A_s 进行模拟，可

---

① CHEN A，YANG H，LO H K. Capacity reliability of road network：an assessment methodology and numerical results [J]．Transportation Research Part B，Vol. 36，2002．

② CHANG C H，TUNG U K，YANG J C. Monte Carlo simulation for correlated variables with marginal distributions [J]．Journal of Hydraulic Engineering，Vol. 120，No. 3，1994．

以获得统计相关的、服从正态分布的样本点。将此样本点作为模型参数求解双层模型（7.4）～（7.12），然后统计计算结果。图 7-2 给出了 Monte-Carlo 模拟算法的具体步骤。

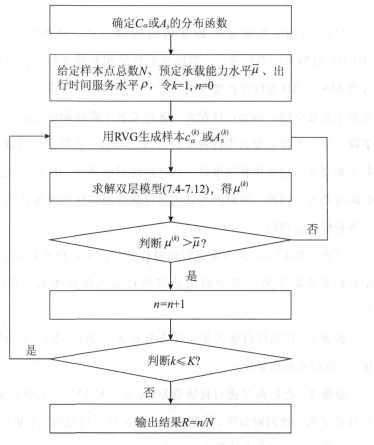

图 7-2 Monte-Carlo **模拟算法流程图**

7.4 数值算例

测试网络如图 7-3 所示，它包括 6 个节点、10 条路段，节点 1，2 代表交通流量的起始区域，节点 5，6 代表交通流量的终讫区域。

路段时间采用 BPR 函数（3.17）进行计算。各个路段的自由流时间和能力参数的输入数据见表 7-1。

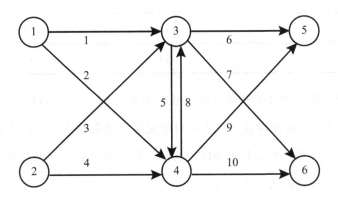

图 7-3 承载能力可靠性测试网络图

表 7-1 路段参数的输入数据

路段标号	自由流时间/min	能力参数/pcu·min^{-1}
1	8	50
2	7	50
3	7	50
4	8	50
5	1	50
6	7	50
7	9	50
8	1	50
9	9	50
10	7	50

当测试网络处于自由流状态时，各个 OD 对的出行时间见表 7-2。

表 7-2　各个 OD 对的自由流时间　　　　　　　　　　min

起　　点 ＼ 终　　点	5	6
1	15	14
2	14	15

设区域 1 和 2 的初始区域交通产生量为 50(pcu/min)。不失一般性，令 Logit 模型参数 $\gamma = 1$。为研究路网承载能力与 OD 出行时间服务水平关系，假设各个路段的实际通行能力足够大，因此在计算中省略路段通行能力约束（7.5）。

假设路段通行能力 C_a 和交通吸引测度 A_s 都是服从相关系数为 0.5 的正态分布。特别指出，正态分布假设会使路段通行能力取负值，需要要做截尾处理。对于交通吸引测度，因为 OD 流量分布只和交通吸引测度的相对大小有关，所以取负值也是合理的。通过 MATLAB 软件进行模拟计算，表 7-3 和表 7-4 给出了 2 000 次模拟的统计结果，可以看出样本点的统计期望值和标准差非常接近理论值。

表 7-3　路段通行能力的理论值与统计值对比

路　段	理　论　值		统　计　值	
	期　望	标准差	期　望	标准差
1	50	10	50.236 0	10.122 5
2	50	10	50.111 3	10.177 0
3	50	10	50.106 7	10.208 7
4	50	10	50.123 2	10.146 4
5	50	10	50.011 6	10.236 3
6	50	10	50.214 1	10.143 2
7	50	10	50.287 9	10.019 7

续　表

路 段	理 论 值		统 计 值	
	期 望	标 准 差	期 望	标 准 差
8	50	10	50.158 1	10.087 7
9	50	10	50.537 0	9.762 2
10	50	10	50.139 3	10.035 4

表 7-4　需求结构参数的理论值和统计值对比

需求结构	理 论 值		统 计 值	
	期 望	标 准 差	期 望	标 准 差
A_5	0	5	0.033 2	5.042 2
A_6	0	5	0.016 6	4.967 1

　　首先讨论通行能力退化情形下的承载能力可靠度问题。令参数 $A_5 = A_6 = 0$ 保持不变，OD 出行时间服务水平参数 $\rho = 1.3$。图 7-4 给出了 Monte-Carlo 模拟的结果。在图 7-4 中，承载能力水平 $\bar{\mu}$ 要求越高，路网的可靠性就越低。并且在较低的承载能力水平要求下（$\bar{\mu} < 1.9$），考虑路段通行能力相关性得到的可靠性结果小于不考虑相关性的结果。在高承载能力水平要求下（$\bar{\mu} > 1.9$），结果恰好相反。这说明路段通行能力相关性对路网承载能力可靠度计算结果具有显著的影响。

　　下面考虑 OD 需求变动情形，图 7-5 给出了相应的承载能力可靠性结果。

　　在图 7-5 中，承载能力水平 $\bar{\mu}$ 要求越高，路网的可靠性就越低。这一结果和图 7-4 是相同的。此外，利用独立样本点得到的承载能力可靠度模拟结果都大于利用相关样本点的模拟结果，造成这一现象的原因尚不清楚，这需要做进一步的理论分析。从图 7-4 和图 7-5 的模

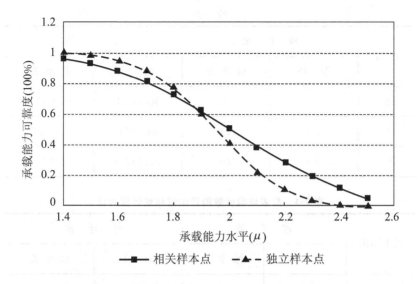

图 7-4 路段通行能力退化情形下可靠性结果

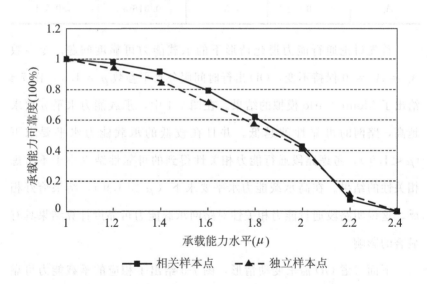

图 7-5 OD 需求结构随机波动情形下可靠性结果

拟结果可以看出，路段通行能力退化和 OD 需求结构的变动都是影响路网承载能力可靠性的重要因素。

最后，考虑不同 OD 出行时间服务水平下的承载能力可靠度结果。模拟结果见图 7-6。在图中，基于路段通行能力退化和 OD 需求结构波动的模拟结果是类似的：OD 出行时间服务水平要求越高，路网承载能力可靠度就越低。对于极端情形（$\rho = 1.2$），由于此时 OD 出行时间服务水平要求太高，路网的承载能力可靠度为零。

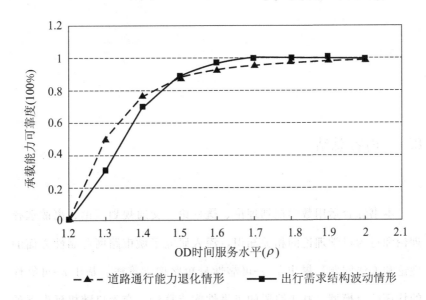

图 7-6　不同系统服务水平下的承载能力可靠度

8 总结与展望

8.1 内容总结

本书综合运用数学规划理论、概率论、交通规划理论、离散选择理论和行为科学理论的相关知识，深入研究了城市路网可靠性方面的理论和方法问题，提出了 α-可靠性最短路搜索算法、基于 α-可靠性的均衡配流模型，基于路段的可靠性配流算法、交叉口随机延误下的随机用户均衡模型、区域备用能力概念与模型以及承载能力可靠度指标。本书内容虽然属于交通科学的理论研究，是对实际城市交通网络问题的抽象刻画，但研究过程中非常关注模型参数校正方法、原始数据获取、模型解的存在唯一性、算法的计算效率等实际应用问题。

8.1.1 α-可靠性最短路搜索算法

首先引入随机路网中 α-可靠性最短路的概念，给出 α-可靠性最短路数学模型。考虑到路径时间期望和方差都具有可加性，构造了以路径时间期望和方差为目标函数的双准则最短路模型，通过分析该模型与原 α-可靠性最短路模型的解之间的关系，得到一个非常重要的结论：α-可靠性最短路径必是双准则最短路问题的有效极点路径。基于此，可以通过列举双准则最短路问题有效极点路径的方法求解 α-可靠性最短路问题。为进一步提高算法的计算效率，还给出了有效极点路径列举过程终止的必要条件。由于大型网络中双准则最短路问题的有效极点路径的个数是非常稀少的，并且不随网络规模变大而显著增加，因此该算法具有非常高的计算效率，能实际应用于大规模城市交通网络系统。在算法方面，采用参数化最短路算法对双准则最短路问题有效极点路径进行列举。此算法是以最短路搜索算法为基础的，可以采用经典的最短路搜索算法（如 Moore 算法）加以实现。由于构造的 α-可靠性最短路搜索算法是基于路段的，计算过程中只需对路段信息进行存储，并不需要列举和存储全部路径，因此可以大大节省计算存储空间。此外，此算法并不需要知道路段时间的具体分布，只需知道路段时间期望和方差，这为模型的实际应用带来很大便利。

8.1.2 基于 α-可靠性交通配流模型与算法

国内外学者利用出行时间预算的概念构建了各式各样的可靠性均衡配流模型。但这些模型都存在一个理论难题：只能保证模型解的存在性，无法保证解的唯一性。此外，由于路径出行时间预算的不可加性，这些求解算法都是基于路径的，需要列举和存储路径，这给模型的大规模应用带来很大困难。为此，本书提出了基于 α-可靠性均衡配流问题的变分不等式模型。在适当假设条件下证明了该模型的解是存在的，并且是唯一的。在算法方面，将 α-可靠性最短路搜索算法作为加载子程序，提出了基于路段的相继平均（Ⅵ-MSA）算法。因为构造的 α-可靠性最短路搜索算法是基于路段的，所以整个 Ⅵ-MSA 算法也是基于路段的，具有计算效率高、节约存储空间等优点，非常适合于大型路网中的可靠性均衡配流问题。Ⅵ-MSA 算法并不需要知道路段时间的概率分布函数,只需知道路段时间的期望和方差即可。路网的随机性直接用路段时间方差函数来表达的,而 OD 需求,路段通行能力都取其日常平均值。在实际路网中,校正路段时间方差函数比校正 OD 需求分布更为容易,所以 Ⅶ-MSA 模型算法更具实用性。最后通过一个简单的数值试验对算法进行了验证,结果表明当收敛精度要求不高时,算法具有非常理想的收敛速度。

8.1.3 交叉口随机延误下的随机用户均衡模型

在拥挤路网中,交叉口随机延误是造成交通用户出行时间不确定性的一个重要因素,但在随机路网可靠性研究中很少考虑此因素,只是简单地用路段时间予以表示。这种做法在确定性均衡配流模型中是可行的,但在随机路网中,交叉口随机延误会直接影响交通用户的路径选择结果。因此研究了信号灯控制的随机路网中交通用户的路径选择行为是十分必要的。为此本书假设风险规避型交通用户在路径选择时会考虑交叉口随机延误的影响,并依据出行时间预算最小化原则进行择路。基于此,给出了交叉口延误期望和方差的计算方法,利用出行时间预算的概念,构建了基于 α-可靠性的随机用户均衡模型。该模型充分考虑了交叉口随机延误、路段时间和交叉口延误的相关性、交通用户的感知误差等因素。因为模型明确考虑了交叉口的转向流问题,所以可应用于某些交通规划问题,例如进行信号灯最优控制或左转限制来减少系统总时间等。数值算例结果说明以下重要结论:第一,路段时间和交叉口延误的相关性对配流结果具有显著的影响,忽略这种相关性会严重低估交通用户的出行时间预算,并且会高估交叉口较多的路径上的交通流量。第二,随着交通用户对出行时间可靠性要求的提高,为规避交叉口转向延误带来的不确定性,他们更倾向于选择交叉口个数或交叉口左转个数较少的路径。第三,在拥堵状态下，交通用户更喜欢选择交叉口个数较少的路径。第四，在路网信号灯最优控制问题中，系统时间最小化和交叉口事故最小化这两个目标是相互冲突的。

8.1.4 区域备用能力概念与模型

交通承载能力问题是交通科学领域中的基础性研究课题。早期的研究更多关注道路、交叉口和匝道的通行能力问题。对于路网承载能力问题，虽然也提出了许多度量方法和模型，但这些方法考虑因素较为单一、缺乏系统性与全面性。本书详细地讨论了影响城市路网承载能力的四个主要因素：道路通行能力，系统服务水平、交通需求结构和交通用户行为。并指出这些因素的内在关联性：要研究交通用户择路行为必须考虑具体的系统服务水平，要研究交通需求结构必须深入研究交通流量的分布问题。借鉴备用能力概念，将其扩展到区域层次，提出了区域备用能力的概念，并对两者的概念差异进行了分析。针对单一区域和整个网络，分别构建了区域备用能力双层模型。由于该模型考虑了道路通行能力、系统服务水平、交通需求结构和交通出行行为问题，因此是一个更为系统、全面的交通网络承载能力模型。在算法方面，借助流量分布与均衡配流组合问题灵敏度分析方法，提出了基于灵敏度分析的启发式算法。数值试验表明 OD 需求结构是路网承载能力的一个重要影响因素，每个路网都存在一个理想 OD 需求结构。此外，通过施加环境、资源，土地利用等约束，很容易将此双层模型进行扩展，构建更为符合实际的交通网络承载能力模型。比如通过实测数据得到污染物（如 CO，SO_2 等）扩散与交通出行时间的近似函数关系，就可以将模型中的 OD 出行时间约束替换为相应的环境容量约束，得到基于环境限制的交通网络承载能力模型。

8.1.5 承载能力可靠度指标

交通网络能力可靠性问题是交通科学领域的热点问题之一，但现有的度量指标都是从通行能力、服务水平或出行行为等单一角度进行研究。为此本书采用区域备用能力作为路网承载能力和服务水平的综合度量指标，提出了承载能力可靠度的概念。这一度量指标涵盖了以往的出行时间可靠性和通行能力可靠性指标，并能有效地分析 OD 需求结构变动情形下的承载能力可靠性问题。最后，提出了 Monte-Carlo 模拟算法，并对需求结构随机波动下的路网承载能力可靠度进行了模拟计算，结果表明在城市交通网络中，承载能力、服务水平和可靠性是三个互相影响、相互制约的性能评价指标。

8.2 研究展望

通过本书对交通用户出行行为可靠性与交通网络承载能力可靠性两方面问题进行研究，可以进一步加深对大城市交通网络系统复杂性的认识。但是，还有许多理论与应用问题值得深入研究，主要包括以下方面。

第一，α-可靠性最短路搜索算法中，只给出了有效极点路径列举过程终止的充分条件，并未给出其必要条件。这意味着在路径搜索过程中，可能已经搜索到 α-可靠性最短路径，但搜索过程并未就此终止，而是继续搜索剩余有效极点路径。数值试验也发现了此问题。在进一步研究中，可以构造有效极点路径列举过程终止的必要条件，以保证搜索过程能"按时"终止。

第二，基于 α-可靠性的用户均衡配流模型中使用了路段时间方差函数，但并未给出其具体表达形式。这需要通过大量的实测数据进行校正。但是，绝大多数实证研究都集中于交叉口随机延误方差问题，很少涉及路段时间方差函数问题。因此，若能利用实测数据对路段时间方差函数形式进行校正，这对于可靠性配流问题的实际应用是非常有意义的。

第三，构造了求解 α-可靠性配流问题的相继平均算法。在误差精度要求不高时，此算法是可行的。但是相继平均算法本质上仍属于启发式算法。由于算法的步长是预先给出的，导致算法并不是单调下降的。特别是随着迭代次数的增加，算法的收敛速度越来越低。因此，可以仿照求解 UE 问题的 Frank-Wolfe 算法，尝试通过一维搜索来获取步长信息，构造更为精确的数值求解算法。

第四，虽然构建了交叉口随机延误条件下的随机用户均衡模型，但是假设条件是非常苛刻的。例如交叉口转向延误只和自己的转向流有关、交叉口信号灯控制策略是预先给定的、不考虑信号灯之间的协同控制问题和交叉口流量的满溢（Spill-over）现象等。在进一步研究中，应适当放宽这些假设，得到更为符合实际的理论模型。

第五，大多数可靠性配流模型都假设路段时间是相互独立的，忽略了时间相关性问题，本书在建模时考虑了路段时间与交叉口转向延误的相关性问题，并指出时间相关性对均衡配流结果具有重要影响。但是对此问题的理论或实证研究成果较少。利用实测数据校正路段时间与交叉口延误的相关系数是一个非常有趣的实证研究课题。

第六，在路网承载能力研究中定义了区域备用能力的概念，在构建模型时假设交通产生量的分布满足 Logit 选择模型。这就需要对 Logit 模型中的各个参数进行校正，特别是交通产生或吸引能力参数，它们都是影响交通需求分布的关键参数。关于此参数的校正方法在许多教科书中都有详细介绍。但是构造更为高效、实用的校正方法仍值得深入研究。

第七，利用区域备用能力的概念定义了承载能力可靠度指标。该指标虽然综合考虑了出行时间可靠性和通行能力可靠性问题，并能有效地分析需求波动下的路网承载能力可靠性。但是，此可靠性指标存在参数难于校正的问题。因此，构造更为实用的度量指标仍是路网可靠性研究的焦点问题之一。

参考文献

[1] 于士航. 我国机动车保有量达 2.79 亿辆［EB/OL］. 中国政府网.（2016-01-25）［2016-02-18］. http：//www. gov. cn/xinwen/2016-01/25/content＿5036081. htm.

[2] 刘冕. 本市第五次综合交通调查结果出炉，小汽车出行比例首次下降［N］. 北京日报，2016-07-07（5）.

[3] 北京交通发展研究中心. 北京市交通发展年度报告［EB/OL］. 北京交通发展研究中心官网.［2016-02-10］. http：//www. bjtrc. org. cn/JGJS. aspx? id＝5. 2&Menu＝GZCG.

[4] 李强，李晓林. 北京市近郊大型居住区居民上班出行特征分析［J］. 城市问题，2007（7）：55-59.

[5] 李晓林，李强，任仕伟. 交通用地的高效利用与城市可持续发展［J］. 北京师范大学学报（社会科学版），2007（2）：127-133.

[6] 朱高峰，张宁. 工程前沿：第3卷·中国交通运输网络理论研究前沿［M］. 北京：高等教育出版社，2006.

[7] NICHOLSON，DU Z P. Degradable transportation system：an integrated equilibrium model［J］. Transportation Research Part B，Vol. 31，1997.

[8] MINE H，KAWAI H. Mathematics for Reliability Analysis［M］. Japan：Asakura-shoten，1982.

［9］ ASAKURA Y，KASHIWADANI M. Road network reliability caused by daily fluctuation of traffic flow ［J］. European Transport，Highways & Planning，Vol. 19，1991.

［10］ ASAKURA Y，HATO E，KSAHIWADANI M. Stochastic network design problem：an optimal link improvement model for reliable network ［C］. The First International Symposium on Transportation Network Reliability，Kyoto，Japan，2001.

［11］ ASAKURA Y. Reliability measures of an origin and destination pair in a deteriorated road network with variable flows ［A］. Bell M. D. H.，Ed. Transportation Networks：Recent Methodological Advances ［C］. Oxford，Pergamon Press，1996.

［12］ RAKHA H. Estimating path travel – time reliability ［C］. IEEE Intelligent transportation systems conference，2006.

［13］ NOLAND R B，POLAK J W. Travel time variability：a review of theoretical and empirical issues ［J］. Transportation Review，Vol. 22，No. 1，2002.

［14］ 熊志华，姚智胜，邵春福. 基于路段相关的路网行程时间可靠性 ［J］. 中国安全科学学报，2004，14（10）：81-84.

［15］ DU Z P，NICHOLSON A. Degradable transportation systems：sensitivity and reliability analysis ［J］. Transportation Research Part B，Vol. 31，1997.

［16］ CHEN A，YANG H，LO H K，et al.. A capacity related reliability for transportation network ［J］. Journal of Advanced Transportation，Vol. 33，1999.

［17］ CHEN A，YANG H，LO H K. Capacity reliability of road network：an assessment methodology and numerical results ［J］.

Transportation Research Part B，Vol. 36，2002.

[18] YANG H，LO H K，TANG W H. Travel time versus capacity reliability of a road network [C]. The 79th Annual Meeting of the Transportation Research Board，Washington D. C，2000.

[19] CHEN A，CHOOTINAN P，WONG S C. New reserve capacity model of a signal-controlled road network [J]. Transportation Research Record，Vol. 1964，2006.

[20] CHOOTINAN P，WONG S C，CHEN A. A reliability-based network design problem [J]. Journal of Advanced Transportation，Vol. 39，2005.

[21] SUMALEE A，KURAUCHI F. Guest editorial：Reliability and emergence issues in transportation network analysis [J]. Network and Spatial Economic，Vol. 6，2006.

[22] SUMALEE A，KURAUCHI F. Network capacity reliability analysis considering traffic regulation after a major disaster [J]. Network and Spatial Economic，Vol. 6，2006.

[23] HEYDECKEY B G，LAM W H. K，ZHANG N. Use of travel demand satisfaction to assess road network reliability [J]. Transportmetrica，Vol. 3，2007.

[24] MORLOK E K，CHANG D J. Measuring capacity flexibility of a transportation system [J]. Transportation Research Part A，Vol. 38，2004.

[25] BERDICA K. An introduction to road vulnerability：what has been done is done and should be done [J]. Transport Policy，Vol. 9，2002.

[26] 陈艳艳，杜华兵，梁颖. 城市路网畅通可靠度优化遗传算法 [J].

北京工业大学学报，2003，29（3）：334-337.

[27] 陈艳艳，刘小明，梁颖．可靠度在交通系统规划与管理中的应用 [M]．北京：人民交通出版社，2006.

[28] 侯立文，蒋馥．城市道路网的可靠性仿真 [J]．系统仿真学报，2002，14（5）：664-668.

[29] 苗鑫，西宝．基于云理论的路网可靠性评估方法 [J]．公路交通科技，2008，25（8）：132-136.

[30] WRADROP J G. Some theoretical aspects of road traffic research [J]. Proceedings of the Institute of Civil Engineers，Vol. 2，No. 1，1952.

[31] ROUGHGARDEN T，TARDOS E. How bad is selfish routing? [J]. Journal of the ACM，Vol. 49，2002.

[32] CHAU C K，SIM K M. The price of anarchy for non-atomic congestion games with symmetric cost maps and elastic demands [J]. OperationsResearch Letter，Vol. 31，2003.

[33] YANG H，HUANG H J. Principle of marginal-cost pricing：how does it work in a general road network? [J]．Transportation Research Part A，Vol. 32，No. 1，1998.

[34] 黄海军，欧阳恋群，刘天亮．交通网络中用户均衡行为的效率损失上界 [J]．北京航空航天大学学报，2006，32（10）：1215-1219.

[35] 刘天亮．信息作用下交通博弈均衡及其经济行为研究 [D]．北京：北京航空航天大学，2008.

[36] BECKMANN M J，MCGUIRE C B，WINSTEN C B. Studies in Economicsof Transportation [M]．New Haven：Yale University Press，1956.

[37] SMITH M J. The existence, uniqueness and stability of traffic equilibria [J]. Transportation Research Part B, Vol. 13, 1979.

[38] DAGANZO C F, SHEFFI Y. On stochastic models of traffic assignment [J]. Transportation Science, Vol. 16, No. 3, 1977.

[39] DAGANZO C F. Some statistics problems in connection with traffic assignment [J]. Transportation Research, Vol. 11, No. 6, 1977.

[40] SHEFFI Y. Urban Transportation Network: Equilibrium Analysis with Mathematical Programming Methods [M]. New Jersey: Prentice-Hall, 1985.

[41] ABDEL-ATY M, KITAMURA R, JOVANIS P. Investigating effect of travel time variability on path choice using repeated measurement stated preference data [J]. Transportation Research Record, Vol. 1493, 1995.

[42] LAM T, SMALL K A. The value of time and reliability: measurement from a value pricing experiment [J]. Transportation Research Part E, Vol. 37, 2001.

[43] SMALLl K A, NOLAND R, CHU X, et al.. Valuation of Travel-time Savings and Predictability in Congested Conditions for Highway User-cost Estimation [C]. NCHRP Report 431, NationalResearch Council: Transportation Research Board, 1999.

[44] BATES J, POLAK J, JONES P, et al.. The valuation of reliability for personal travel [J]. Transportation Research Part E, Vol. 37, 2001.

[45] CHANDRA R, BHAT R S. The impact of stop-making and travel time reliability on commute mode choice [J]. Transportation Research Part B, Vol. 40, 2006.

[46] LAM T. The Effect of Variability of Travel Time on Path and Time-of-day Choice [M]. Irvine：University of California，2000.

[47] PALMA DE A，PICARD N. Path choice decision under travel time uncertainty [J]. Transportation Research Part A，Vol. 39，2005.

[48] JACKSON W B，JUCKER J V. An empirical study of travel time variability and travel choice behavior [J]. Transportation Science，Vol. 6，No. 4，1981.

[49] TAYLOR M A P. Travel time variability：two case of public modes [J]. Transportation Science，Vol. 16，No. 4，1982.

[50] MIRCHANDANI P，SOROUSH H. Generalized traffic equilibrium with probabilistic travel times and perceptions [J]. Transportation Science，Vol. 21，No. 3，1987.

[51] LO H K，TUNG Y K. Network with degradable links：capacity analysis and design [J]. Transportation Research Part B，Vol. 37，No. 4，2003.

[52] LO H K，LUO X W，SIU B W Y. Degradable transport network：travel time budget of travelers with heterogeneous risk aversion [J]. Transportation Research Part B，Vol. 40，No. 9，2006.

[53] SIU B W Y，LO H K. Doubly uncertain transportation network：degradable capacity and stochastic demand [J]. European Journal of Operational Research，Vol. 191，No. 1，2008.

[54] SIU B W Y，LO H K. Doubly uncertain transport network：degradable link capacity and perception variations in traffic conditions [J]. Transportation Research Record，Vol. 1964，2006.

[55] SHAO H，LAM W H. K，TAM M L. A reliability-based sto-chastic traffic assignment model for network with multiple user classes under uncertainty in demand [J]. Networks and Spatial Economics，Vol. 6，2006.

[56] SHAO H，LAM W H K，MENG Q，et al.. Demand-driven traffic assignment problem based on travel time reliability [J]. Transportation Research Record，Vol. 1985，2006.

[57] WALTLING D. User equilibrium traffic network assignment with stochastic travel times and late arrival penalty [J]. Euro-pean Journal of Operational Research，Vol. 175，2006.

[58] LAM W H K，SHAO H，SUMALEE A. Modeling impacts of adverse weather conditions on a road network with uncertainties in demand and supply [J]. Transportation Research Part B，Vol. 42，2008.

[59] SHAO H，LAM W H K，TAM M L，et al.. Modeling rain effects on risk-taking behaviours of multi-user classes in road networks with uncertainty [J]. Journal of Advanced Transpor-tation，Vol. 42，No. 3，2008.

[60] BELL M G H，CASSIR C. Risk-averse user equilibrium traffic assignment: an application of game theory [J]. Transporta-tion Research Part B，Vol. 36，No. 8，2002.

[61] CHORUS C G，ARENTZE T A，TIMMERMANS H J P. A random regret-minimization model of travel choice [J]. Trans-portation Research Part B，Vol. 42，2008.

[62] RECKER W，CHUNG Y，PARK J，et al.. Considering risk-taking behavior in travel time reliability [C]. California: Uni-

versity of California，Berkeley，California PATH Research Report，2005.

[63] 许良，高自友. 不确定条件下用户路径选择行为研究述评 [J]. 燕山大学学报（哲学社会科学版），2007，8（1）：139－144.

[64] FAN W B，LI Z C. Modeling commuters' day-to-day route choice dynamics under network uncertainty：a reference-dependent approach [C]. Dynamics of Continuous，Discrete and Impulsive Systems-Series B：Applications and Algorithms，2009.

[65] 黎茂盛，王炜，史峰. 降级路网的认知及交通流平衡分析模型 [J]. 中国公路学报，2006，19（6）：87-91.

[66] CHEN A，JI Z W，RECKER W. Travel time reliability with riskSensitive travelers [J]. Transportation Research Record，Vol. 1783，2002.

[67] 陈春妹，任福田，荣建. 路网容量研究综述 [J]. 公路交通科技，2002，19（3）：97-101.

[68] FORD L R，FULKERSON D R. Maximum flow through a network [J]. Canadian Journal of Math，Vol. 8，1956.

[69] 杨涛，徐吉谦. 运输网络极大流的一种新算法 [J]. 土木工程学报，1991（1）：8-16.

[70] 许伦辉，徐建闽，周其节. 路段通行能力约束下路网最大交通量的确定 [J]. 公路，1997（11）：30-33.

[71] 饭田恭敬. 交通工程学 [M]. 邵春福，杨海，史其信，等译. 北京：人民交通出版社，1993.

[72] LI S. A study on the macro capacity model of urban road networks and its application [J]. 上海理工大学学报，1999（21）：19-22.

［73］周溪召，刘灿齐，杨配昆. 高峰时段城市道路网时空资源和交通空间容量［J］. 同济大学学报（自然科学版），1996（4）：392-397.

［74］IIDA Y . Methodology for maximum capacity of road network［J］. Transaction of Japan Society of Civil Engineers，Vol. 205，1972.

［75］AKAMATSU T，MIYAWAKI O. Maximum network capacity problem under the transportation equilibrium assignment［J］. InfrastructurePlanning Review，Vol. 12，1995.

［76］ASAKURA Y. Maximum capacity of road network constrained by user equilibrium conditions［C］. The Proceeding of 24th Annual Conference of the UTSG，1992.

［77］ASAKURA Y，KASHIWADANI M. Estimation model of maximum road network capacity with parking constraints and its application［J］. Infrastructure Planning Review，Vol. 11，1993.

［78］YANG H，BELL G H，MENG Q. Modeling the capacity and level of service of urban transportation networks［J］. Transportation Research Part B，Vol. 34，2000.

［79］WEBSTER R L，COBBE B M，Traffic Signal. Road Research Technical Paper，No. 56［M］. London：HMSO，1966.

［80］ALLSOP R E. Estimating the traffic capacity of a signalized road junction［J］. Transportation Research，Vol. 6，1972.

［81］WONG S C，YANG H. Reserve capacity of signal-controlled road network［J］. Transportation Research Part B，Vol. 31，1997.

［82］GAO Z Y，SONG Y F. A reserve capacity model of optimal signal control with user-equilibrium route choice［J］. Transportation Research Part B，Vol. 36，2002.

[83] 陆化普．城市交通系统承载力及其对策研究 ［C］．中国土木工程学会，2006.

[84] 石川，石蕾．北京市交通问题简析 ［J］．重庆工学院学报，2005，19（4）：171-172.

[85] 程琳，王炜，王京元．城市道路网络容量、交通规划和交通管理 ［J］．公路交通科技，2005，22（7）：118-122.

[86] 张宁．城市规模与城市交通发展的系统分析方法 ［J］．系统工程理论与实践，2005，25（8）：136-139.

[87] 乔家君，龚如阁．区域交通网络空间结构优化及实证研究 ［J］．地理与地理信息科学，2006，22（2）：64-68.

[88] ZHU J S, ZHANG N. Zonal absorption capacity and service level of urban road networks ［C］. Proceedings of the First International Conference on Transportation Engineering, Virginia: American Society of Civil Engineers, 2007.

[89] FRANK H. Shortest path in probabilistic graphs ［J］. Operational Research, Vol. 17, 1983.

[90] SIGAL C E, PRITSKER A A B, SOLBERG J J. The stochastic shortest route problem ［J］. Operational Research, Vol. 28, No. 5, 1980.

[91] DENG L, WONG M D F. An exact algorithm for the statistical shortest path problem ［C］. Proceedings of the 2006 Conference on Asia South Pacific Design Automation, Japan, Yokohama, 2006.

[92] BERTSEKAS D P, TSITSIKLIS J N. An analysis of stochastic shortest path problems ［J］. Mathematics of Operations Research, Vol. 16, 1991.

［93］ MURTHY I，SARKAR S. Exact algorithms for the stochastic shortest path problem with a decreasing deadline utility function ［J］. European Journal of Operational Research，Vol. 103，1997.

［94］ MURTHY I，SARKAR S. Stochastic shortest path problem with piece-wise linear concave utility functions ［J］. Management Science，Vol. 44，No. 11，1998.

［95］ DENG L，WONG M D F. An exact algorithm for the statistical shortest path problem ［C］. Proceedings of the 2006 conference on Asia South Pacific design automation，Yokohama，Japan，2006.

［96］ CHEN A，JI Z W. Path finding under uncertainty ［J］. Journal of Advanced Transportation，Vol. 39，2005.

［97］ JI X Y. Models and algorithm of stochastic shortest path problem ［J］. Applied Mathematics and Computation，Vol. 170，2005.

［98］ FU L，RILETT L R. Expected shortest path in dynamic and stochastictraffic network ［J］. Transportation Research，Vol. 32，No. 7，1998.

［99］ MILLER-HOOKS E D，Mahmassani H. S. . Least expected time paths in stochastic，time-varying transportation networks ［J］. Transportation Science，Vol. 34，No. 2，2000.

［100］ HALL R. The fastest path through a network with random and time-dependent travel time ［J］. Transportation Science，Vol. 20，No. 3，1986.

［101］ 林伟初. 概率论与数理统计 ［M］. 上海：同济大学出版社，2008.

［102］ SKRIVER A J V，ANDERSON K A. A label correcting approach for solving bi-criterion shortest-path problems [J]. Computers & Operations Research European, Vol. 27, No. 6, 2000.

[103] AHUJA R K. Minimum cost-reliability ratio path problem [J]. Computers & Operations Research, Vol. 15, No. 1, 1988.

[104] CHANDRASEKARAN R, ANEJA Y P, NAIR K P K. Minimum cost-reliability ratio spanning tree. In Studies on Graphs and Discrete Programming [M]. North-Holland, Amsterdam, 1981.

[105] ZELENY M. Linear Multiobjective Programming [M]. New York: Springer Press, 1974.

[106] MOTE J, MURTHY I, OLSON D L. A parametric approach to solving bicriterion shortest path problems [J]. European Journal of Operational Research, Vol. 53, 1991.

[107] BOYCE D E, JANSON B N, EASH R W. The effect on equilibrium trip assignment of different link congestion functions [J]. Transportation Research Part A, Vol. 15, 1981.

[108] AKCELIK R. A new look at Davidson's travel time function [J]. Traffic Engineering and Control, Vol. 19, 1978.

[109] BRANSTON D. Link capacity functions: a review [J]. Transportation Research, Vol. 10, 1976.

[110] 靳文舟, 张杰, 张旭莉. 路阻函数的极大似然标定法 [J]. 公路交通科技, 1996, 13 (4): 24-28.

[111] HALL R W. Travel outcome and performance: the effect of uncertainty on accessibility [J]. Transportation Research Part B, Vol. 17, No. 4, 1983.

［112］ PATRIKSSON M. The Traffic Assignment Problems：Models and Methods，Linkoping［D］. Sweden：Linkoping Institute of Technology，1994.

［113］ 陆化普，殷亚峰. 交通网络均衡分析的变分不等式方法［J］. 公路交通科技，1997，14（2）：24-29.

［114］ 佩捷. 布劳维不动点定理：从一道前苏联数学奥林匹克试题谈起［M］. 哈尔滨：哈尔滨工业大学出版社，2014.

［115］ LEBLANC L J，MORLOK E K，PIERSKALLA W P. An efficient approach to solving the road network equilibrium traffic assignment problem［J］. Transportation Research，Vol. 9，1975.

［116］ 陆化普. 交通规划理论与方法［M］. 北京：清华大学出版社，2006.

［117］ HEYDECKER B G. Some consequences of detailed intersection modeling in road traffic assignment［J］. Transportation Science，Vol. 17，No. 3，1983.

［118］ NIELSEN O A，FREDERIKSEN R D，SIMONSEN N. Stochastic user equilibrium traffic assignment with turn-delays in intersections［J］. International Transactions in Operational Research，Vol. 5，No. 6，1998.

［119］ KOUTSOPOULOS M N，HABBAL M. Effect of intersection delay modeling on the performance of traffic equilibrium models［J］. Transportation Research Part A，Vol. 28，No. 2，1994.

［120］ MENEGUZZER C. An equilibrium route choice model with explicit treatment of the effect of intersections［J］. Transportation Research Part B，Vol. 29，No. 5，1995.

［121］ REN G，WANG W. A turn-based algorithm for the logit traffic assignment [C]. The 85th Transportation Research Board Annual Meeting, Washington D. C, 2006.

[122] BLUE V J, ADLER J L, LIST G. Real-time multiple-objective path search for in-vehicle route guidance systems [J]. Transportation Research Record, Vol. 1585, 1997.

[123] ZILIASKOPOULOS A K, MAHMASSANI H S. A note on least time path computation considering delays and prohibitions for intersection movements [J]. Transportation Research Part B, Vol. 30, No. 35, 1996.

[124] BENTLEY R W, LAMBE T A. Assignment of traffic to a network of signalized city street [J]. Transportation Research Part A, Vol. 14, 1980.

[125] 任刚, 王炜. 基于转向的 Logit 交通分配算法 [J]. 交通运输工程学报, 2005, 5 (4): 101-105.

[126] FU L P, HELLINGA B. Delay variability at signalized intersections [J]. Transportation Research Record, Vol. 1710, 2000.

[127] COLYAR J D, ROUPHAIL N M. Measured distributions of control delay on signalized arterials [J]. Transportation Research Record, Vol. 1852, 2003.

[128] OLSZEWSKI P. Modeling probability distribution of delay at signalized intersections [J]. Journal of Advanced Transportation, Vol. 28, No. 3, 1994.

[129] ROUPHAIL N, DUTT N. Estimating travel time distribution for signalized links: model development and potential IVHS applications [J]. Proceedings of Annual Meeting of ITS America, 1995.

[130] LIU H, ET AL. Prediction of urban travel time with intersec-

tion delays［C］. Proceeding of the 8th International IEEE Conference on Intelligent Transportation Systems，Vienna，Austria，2005.

［131］MOUSA R M. Simulation modeling and variability assessment of delays at traffic signals［J］. Journal of Transportation Engineering ASCE，2003.

［132］ABDALLA M，ABDEL-ATY M. Modeling travel time under atis using mixed linear models［J］. Transportation，Vol. 33，2006.

［133］KHAROUFEH J P，GAUTAM N. Deriving link travel-time distribution via stochastic speed processes［J］. Transportation Science，Vol. 38，2004.

［134］黄海军. 城市交通网络平衡分析理论与实践［M］. 北京：人民交通出版社，1994.

［135］ASAKURA Y，KASHIWADANI M. Road network reliability caused by daily fluctuation of traffic flow［J］. European Transport，Highways & Planning，Vol. 19，1991.

［136］CHEN A，SUBPRASOM K，JI Z W. Mean-variance model for the build-operate-transfer scheme under demand uncertainty［J］. Transportation Research Record，Vol. 1857，2003.

［137］ZHAO Y，KOCKELMAN K M. The propagation of uncertainty through travel demand models［J］. Annals of Regional Science，Vol. 36，No. 1，2002.

［138］NAKAYAMA S，TAKAYAMA J. Traffic network equilibrium model for uncertain demands［C］. Proceedings of the 82nd Annual Meeting of the Transportation Research Board，Washington D. C，2003.

[139] CLARK S，WATLING D. Modeling network travel time relia-
bility under stochastic demand [J]. Transportation Research
Part B，Vol. 39，No. 2，2005.

[140] Transportation Research Board，Highway Capacity Manual
2000 [D]. Washington：National Research Council，2001.

[141] LAM W H K，CHAN K S，LI Z C. A risk-averse user equilib-
rium model for route choice problem in signal-controlled
networks[J]. Journal of advanced transportation，Vol. 43，2009.

[142] SMITH M J. Traffic equilibrium with responsive traffic control [J].
Transportation Science，Vol. 27，No. 2，1993.

[143] VUREN T V，VLIET D V，Route Choice and Signal Control [M].
Vermont：Ashgate Publishing Company，1992.

[144] SUMALEE A，WATLING D P，NAKAYAMA S. Reliable
network design problem：the case with uncertain demand and
total travel time reliability [C]. The 85th Annual Meeting of
the Transportation Research Board，Washington D. C，2006.

[145] AKCELIK R，ROUPHIL N M. Estimation of delays at traffic
signals for variable demand conditions [J]. Transportation
Research Part B，Vol. 27，No. 2，1993.

[146] AKCELIK R，ROUPHIL N M. Overflow queues and delay with
random and platooned arrivals at signalized intersections [J]. Jour-
nal of Advanced Transportation，Vol. 28，1994.

[147] DARMA Y，KARIM M R，MOHAMAD J，ET AL. Control de-
lay variability at signalized intersection based on HCM method [J].
Proceedings of the Eastern Asia Society for Transportation
Studies，Vol. 5，2005.

[148] ENGELBRECHT R J, FAMBRO D B, ROUPHAIL N M, ET AL. Validation of generalized delay model for oversaturated conditions [J]. Transportation Research Record, Vol. 1572, 1997.

[149] ZHANG L, PREVEDOUROS P D. Signalized intersection level of service incorporating safety risk [J]. Transportation Research Record, Vol. 1852, 2003.

[150] DION F, RAKHA H, KANG Y S. Comparison of delay estimates at under-saturated and over-saturated pre-timed signalized intersections [J]. Transportation Research Part B, Vol. 38, No. 2, 2004.

[151] CURTISS J H. On the distribution of the quotient of two chance variables [J]. The Annals of Mathematical Statistics, Vol. 12, No. 4, 1941.

[152] HAN D, LO H K. Solving non-additive traffic assignment problems: a descent method for co-coercive variational inequalities [J]. European Journal of Operational Research, Vol. 159, 2004.

[153] LO H K, CHEN A. Traffic equilibrium problem with route-specific costs: formulation and algorithms [J]. Transportation Research Part B, Vol. 34, No. 6, 2000.

[154] GABRIEL S, BERNSTEIN D. The traffic equilibrium problem with nonadditive path costs [J]. Transportation Science, Vol. 31, No. 4, 1997.

[155] BERTSEKAS D, GAFNI E. Projection methods for variational inequalities with application to the traffic assignment problem [J]. Mathematical Programming, Vol. 17, 1982.

［156］ LARSSON T, PATRIKSSON M. Simplicial decomposition with disaggregated representation for the traffic assignment problem ［J］. Transportation Science, Vol. 26, No. 1, 1992.

［157］ HUANG H J, BELL M G H. A study on logit assignment which excluded all cyclic flows ［J］. Transportation Research Part B, Vol. 32, No. 6, 2001.

［158］ CASCETTA E, RUSSO F, VITETTA A. Stochastic user e-quilibrium assignment with explicit route enumeration: comparison of models and algorithms ［C］. Proceedings of International Federation of Automatic Control: Transportation Systems, Chania, Greece, 1997.

［159］ BELL M G, CASSIR C GROSSO S, ET AL. Path flow estimation in traffic system management ［C］. Proceedings of International Federation of Automatic Control: Transportation Systems, Chania, Greece, 1997.

［160］ HAUER E, NG J C N, LOVELL J. Estimation of safety at signalized intersections ［J］. Transportation Research Record, Vol. 1185, 1998.

［161］ MAHER M, HUGHES P C, SMITH M J, ET AL. Accident and travel time minimizing routing patterns in congested networks ［J］. Traffic Engineering and Control, Vol. 34, No. 9, 1993.

［162］ ABDULHAI B, LOOK H. Impact of dynamic and safety-conscious route guidance on accident risk ［J］. Journal of Transportation Engineering ASCE, Vol. 129, No. 4, 2003.

［163］ LUATHEP P, SUMALEE A, LAM W H K, ET AL. Second-order capacity reliability evaluation for transportation network under uncertain travel demand [C]. Proceedings of the 12th International Conference of Hong Kong Society for Transportation Studies, Hong Kong, Hong Kong Society of Transportation Studies Ltd. , 2007.

[164] CHEN, A, ZHOU Z, CHOOTINAN P, ET AL. A bi-objective reliable network design problem [C]. Proceedings of the 87th Annual Meeting of the Transportation Research Board, Washington D. C, 2008.

[165] 赵彤，高自友. 最优信号灯控制条件下城市交通离散网络设计问题的能力模型 [J]. 系统工程理论与实践，2004，24（8）：118-123.

[166] YANG H，WANG J Y T. Travel time minimization versus reserve capacity maximization in the network design problem [J]. Transportation Research Record，Vol. 1783，2002.

[167] 杨小宝. 道路通行能力中的车道数因素研究 [D]. 北京：北京航空航天大学，2006.

[168] NIE Y，ZHANG H M，LEE D. Models and algorithms for the traffic assignment problem with link capacity constraints [J]. Transportation Research Part B，Vol. 38，2004.

[169] HRARN D W，RIBERA J. Bounded flow equilibrium problems by penalty methods [J]. Proceedings of IEEE International Conference on Circuits and Computers，1980.

[170] BELL M G H. Stochastic user equilibrium assignment in networks with queues [J]. Transportation Research Part B，Vol. 29，No. 2，1995.

[171] YANG H，YAGAR S. Traffic assignment and traffic control in

general freeway-arterial corridor system [J]. Transportation Research Part B, Vol. 28, 1994.

[172] YANG H, YAGAR S. Traffic assignment and signal control in saturated road networks [J]. Transportation Research Part A, Vol. 29, 1995.

[173] LARSSON T, PATRIKSSON M. An augmented Lagrangian dual algorithm link capacity side constrained traffic assignment problems [J]. Transportation Research Part B, Vol. 29, 1995.

[174] YANG H, BELL M G H. A. capacity paradox in network designing and how to avoid it [J]. Transportation Research Part B, Vol. 32, No. 7, 1998.

[175] TATINENT M, BOYCE D, MIRCHANDANI P. Comparisons of deterministic and stochastic traffic loading models [J]. Transportation Research Record, Vol. 1607, 1997.

[176] 杨忠振, 苗国强, 冯涛. 环境承载力约束条件下城市最大乘用车保用量预测 [J]. 中国公路学报, 2006, 19 (6): 92-96.

[177] 刘志硕, 申金升, 张智文, 等. 基于交通环境承载力的城市交通容量的确定方法及应用 [J]. 中国公路学报, 2004, 17 (1): 70-73.

[178] 高自友, 张好智, 孙会君. 城市交通网络设计问题中的双层规划模型、方法及应用 [J]. 交通运输系统工程与信息, 2004, 4 (1): 35-44.

[179] YANG H, BELL G H. Models and algorithms for road network design: a review and some new developments [J]. Transportation Review, Vol. 18, 1998.

[180] GAO Z Y, WU J J, SUN H J. Solution algorithm for the bi-

level discrete network design problem [J]. Transportation Research Part B，Vol. 39，2005.

[181] CHIOU S W. Bi-level programming for the continuous transport network design problem [J]. Transportation Research Part B，Vol. 39，2005.

[182] SUWANSIRIKUL C，FRIESZ T L，TOBIN R L. Equilibrium decomposed optimization：a heuristic for the continuous equilibrium network design problem [J]. Transportation Science，Vol. 21，No. 4，1987.

[183] FRIESZ T L，ET AL. A simulated annealing approach to the network design problem with variational inequality constraints [J]. Transportation Science，Vol. 26，No. 1，1992.

[184] 许良，高自友. 基于路段能力可靠性的城市交通网络设计 [J]. 中国公路学报，2006，19（2）：86-90.

[185] 蔡金，高自友. 求解城市交通连续平衡网络设计问题的混沌算法 [J]. 北方交通大学学报，2002，26（2）：71-76.

[186] TOBIN R L，FRIEZ T L. Sensitivity analysis for equilibrium network flow [J]. Transportation Science，Vol. 22，No. 4，1988.

[187] YANG H. Sensitivity analysis for queuing equilibrium network flow and its application to traffic control [J]. Mathematical and Computer Modelling，Vol. 22，1995.

[188] YANG H. Sensitivity analysis for the elastic-demand network equilibriumproblem with applications [J]. Transportation Research Part B，Vol. 31，1997.

[189] PATRIKSSON M，ROCKAFELLAR R T. Sensitivity analysis of aggregated variational inequality problems with application to traffic

equilibrium [J]. Transportation Science，Vol. 37，No. 1，2003.

[190] PATRIKSSON M. Sensitivity analysis for traffic equilibria [J]. Transportation Science，Vol. 38，No. 3，2004.

[191] 刘海燕，孙宏，杜文. 均衡路网流量的敏感性分析 [J]. 西南交通大学学报，2002，37（4）：439-442.

[192] JOSEFSSON M，PATRIKSSON M. Sensitivity analysis of separable traffic equilibrium equilibria with application to bilevel optimization in network design [J]. Transportation Research Part B，Vol. 41，2007.

[193] JIANG Q Y，MIYANGI T. Sensitivity analysis for stochastic user equilibrium network flows-a dual approach [J]. Transportation Science，Vol. 35，No. 2，2001.

[194] CLARK S D，WATLING D P. Sensitivity analysis of the probit based stochastic user equilibrium assignment model [J]. Transportation Research Part B，Vol. 36，2002.

[195] CONNORS R D，SUMALEE A，WATLING D P. Sensitivity analysis of the variable demand probit stochastic user equilibrium with multiple user-classes [J]. Transportation research Part B，Vol. 41，2007.

[196] 王丽，朱吉双. 运量分布与交通配流组合问题灵敏度分析方法 [J]. 数学的实践与认识，2012，42（8）：126-133.

[197] CHANG C H，TUNG U K，YANG J C. Monte Carlo simulation for correlated variables with marginal distributions [J]. Journal of Hydraulic Engineering，Vol. 120，No. 3，1994.

[198] MOSCO U. 变分不等式近似解引论 [M]. 王烈衡，王尽贤，译. 上海：上海科学技术出版社，1985.

附录 变分不等式问题简介

变分不等式模型是力学、交通等科学领域广泛使用的一种数学工具。与数学规划模型相比，其最大优点在于能处理目标函数解析表达式未知但导数信息已知的最优化问题。下面主要介绍变分不等式问题的一些基本概念和理论。[①]

以下讨论假设 $X \subseteq R^n$ 为非空闭凸集，F 是从集合 X 到 R^n 的向量值函数。变分不等式问题（以下简称Ⅵ问题）是指：求 $x^* \in X$，使得

$$F(x^*)^T(x - x^*) \geqslant 0, \qquad \forall x \in X \qquad (A1)$$

为讨论Ⅵ问题的解的存在唯一性，首先给出向量值函数单调性的概念：

定义 A1 设 $X \subseteq R^n$ 是非空集合，$F: X \to R^n$ 是向量值函数，

（ⅰ）如果满足条件：

$$[F(x) - F(y)]^T(x - y) \geqslant 0 \qquad \forall x, y \in X$$

则称函数 F 在 X 上是单调（Monotune）的。

（ⅱ）如果满足条件：

$$[F(x) - F(y)]^T(x - y) > 0 \qquad \forall x, y \in X, x \neq y$$

则称函数 F 在 X 上是严格单调（Strictly monotone）的。

---

① MOSCO U. 变分不等式近似解引论 [M]. 王烈衡，王尽贤，译. 上海：上海科学技术出版社，1985.

（iii）如果存在实数 $\alpha > 0$，使得：

$$[F(x) - F(y)]^T (x - y) \geqslant \alpha \parallel x - y \parallel^2 \qquad \forall x, y \in X$$

则称函数 F 在 X 上是强单调（Strongly monotone）的。

（iv）如果存在 $x_0 \in X$ 及 $R > 0$，$\parallel x_0 \parallel < R$，使得：

$$F(x)^T (x - x_0) > 0 \qquad \forall x \in X, \parallel x \parallel = R$$

称函数 F 在 X 上是强制（Coercive）的。

关于上述单调性，有以下隶属关系：

$$F \text{ 在 } X \text{ 上强单调} \Rightarrow \begin{cases} F \text{ 在 } X \text{ 上严格单调} \Rightarrow F \text{ 在 } X \text{ 上单调} \\ F \text{ 在 } X \text{ 上强制} \end{cases} \qquad (A2)$$

下面讨论 Ⅵ 问题（A1）解的存在唯一性条件：

定理 A1 若满足下列条件之一：（1）集合 X 是有界的，（2）函数 F 在 X 上是强制，（3）函数 F 在 X 上强单调的，则 Ⅵ 问题（A1）至少存在一个解。

定理 A2 设向量值函数 F 在 X 上是严格单调的，若 Ⅵ 问题（A1）解集非空，则解必是唯一的。

定理 A3 设向量值函数 F 在 X 上是强单调的，则 Ⅵ 问题（A1）必存在唯一解。

下面讨论 Ⅵ 问题与数学规划问题的关系。令 $f: X \to R$ 代表实值函数，数学规划问题的一般形式为：

$$\min_{x \in X} f(x) \qquad (A3)$$

简称为 MP 问题。关于 Ⅵ 问题（A1）和 MP 问题（A3）的关系，有如下定理：

定理 A4 若 $x^* \in X$ 是 MP 问题（A3）的解，且满足 $F(x) = \nabla f(x)$，则 x^* 也是 Ⅵ 问题（A1）的解。当 $F(x)$ 在 X 上是伪单调时，相反的结论也成立。

定理 A4 说明，当向量值函数 $F(x)$ 是某个实值函数的导数时，就有可能利用数学规划算法求解 Ⅵ 问题（A1）。但是，在许多用户均衡配流问题中，路段费用函数都是不可分离的，目标函数也是不可加的，无法给出目标函数的具体形式，因此只能用 Ⅵ 模型来表达。

最后介绍固定需求条件下用户均衡配流（UE）问题的 Ⅵ 形式，其中的符号表示与第 3 章相同。令可行路径流量集合为

$$\Omega_f = \left\{ \begin{array}{l} f = (f_k^{rs}) \mid \sum_{k \in P_{rs}} f_k^{rs} = q_{rs}, (r \in R, s \in S) \\ \text{且 } f_k^{rs} \geqslant 0, (k \in P_{rs}, r \in R, s \in S) \end{array} \right\}$$

由路段-路径关联矩阵 Δ，可知路段流可行集合 Ω_x 为：

$$\Omega_x = \{ x \mid x = \Delta f, f \in \Omega_f \}$$

令路径和路段时间函数分别为 $T_f(f)$ 和 $T_x(x)$。固定需求条件下的用户均衡配流问题可表示为下列两种形式的 Ⅵ 问题[①]：

第一，基于路径的 Ⅵ 模型：求 $f^* \in \Omega_f$，使得：

$$T_f(f^*)^T(f - f^*) \geqslant 0, \qquad \forall f \in \Omega_f \tag{A4}$$

第二，基于路段的 Ⅵ 模型：求 $x^* \in \Omega_x$，使得：

$$T_x(x^*)^T(x - x^*) \geqslant 0, \qquad \forall x \in \Omega_x \tag{A5}$$

在此特别指出：只有当路径时间具有可加性时，用户均衡配流问题才可以用基于路段的 Ⅵ 模型（A5）表示。否则，只能采用基于路径的 Ⅵ 模型（A4）。

---

① PATRIKSSON M. The Traffic Assignment Problems: Models and Methods, Linkoping［D］. Sweden: Linkoping Institute of Technology, 1994.